장은옥의 겟 잇 플라워

플라워 샵을 위한 플로랄 디자인

수풀미디어

장은옥의 겟 잇 플라워
플라워 샵을 위한 플로랄 디자인

2013년 9월 20일 1판 1쇄 발행
2016년 6월 10일 1판 3쇄 발행

지은이 장은옥 Rhea, Jang eunok
어시스턴트 함새별, 류상미
펴낸곳 수풀미디어
주소 경기도 의정부시 가능동 651-14, 1-104
전화 02-743-0258
팩스 02-6008-6025
등록 2006년 8월 13일 제 382-2007-12호
출판사 홈페이지 www.spbooks.co.kr
도서 내용 문의 fdjang@naver.com
ISBN 978-89-94177-15-1   13590

699.95-KDC5
745.92-DDC21   CIP2013013892

정가 23,000원

이 책을 만든 사람들
기획 · 진행 수풀미디어 기획팀
사진 마성준, 민경일
번역 손은경 Sohn Eun Kyung
표지 · 편집 애플

Copyright ⓒ 2013 by SooPool Media Publishing Co.
All rights reserved. First Edition Printed 2013. Printed in South Korea.

이 책의 어느 부분도 저작권자나 수풀미디어 발행인의 승인 문서 없이 일부 또는 전부를 사진 복사나 디스크 복사 및 기타 정보 재생 시스템을 비롯하여 현재 알려지거나 향후 발명될 어떤 전기적, 기계적 또는 다른 수단을 통해 복사, 재생하거나 이용할 수 없습니다.

장은옥의 겟 잇 플라워

플라워 샵을 위한 플로랄 디자인

수풀미디어

Prolouge

"Get it floral Item!!"

몇 가지 재미있는 아이템과 아이디어만 가지고 있어도 좋은 디자인을 만들 수 있다.

이 책의 출발은 의외로 매우 간단한 곳에서 시작되었다.

"선물하거나 판매하기 좋은 간단한 아이템이 없을까?"
"몇 가지 재미있는 아이템만 있어도 쉽고 예쁘게 디자인을 만들 수 있을 텐데…"

사실 이런 생각들은, 늘 강의를 통해 학생들을 만나는 내게 항상 함께 할 수 밖에 없는 질문들이기도 하다.

사람들은 늘 내게 수많은 질문들을 던지고는 한다.

"예쁜 꽃다발을 만들려면 어떻게 해야 하나요?".
"특별한 날에는 어떤 선물이 좋을까요?"
"플로랄 디자인을 만들기 위해 필요한 것들은 무엇이 있나요?"

질문들 속에 파묻혀 있던 나는 상업적인 디자인과 관련된 모든 이야기를 이 책으로 대신하기로 하였다.

하지만 아주 특별한 경우를 제외 한다면 상업적인 플로랄 디자인은
만들기가 너무 복잡하거나,
고가의 재료가 지나치게 많이 필요한 경우,
장시간의 제작 시간이 필요하거나,
지나치게 전문적인 테크닉이 필요한 경우
다소 경제성이 떨어지므로 좋은 상품 디자인으로 보기에는 무리가 따른다.
그런 이유로 복잡하거나 어려운 것들은 배제하고 쉽게 따라할 수 있는 플로랄 디자인을 중심으로 구성하였다.

좀 더 많은 내용들을 담고 싶은 마음에 책을 끝내고 나면 늘 아쉽기만 하다. 40여 권의 책을 집필하였지만 그러한 아쉬움의 크기는 첫 번째 책이나 지금의 책이나 변함이 없다. 우습게도 오히려 커지기만 한다.

이 책 한 권으로 상업적인 디자인을 모두 익히기에는 무리가 따르겠지만 경험이 많지 않은 초보 플로리스트부터 더 큰 도약을 준비하는 기존의 플로리스트에 이르기까지 다양한 분들에게 플로리스트로서의 역량을 키워 나가는데 다소 도움이 될 수 있는 'Item Book' 이 되기를 희망한다.

저자 **장 은 옥** Rhea, jang eunok

Contents

Chapter 1
겟 잇 플라워
베이직

프롤로그 6
prologue

포장디자인 14
Package Design

포장지 16
Wrapping Paper

리본 18
Ribbon

보우 24
Bow

그외 필요한 것들 26
Etc.

공구 30
Tools

절화 관리 솔루션 31
Flower Care Solution

Chapter 2
꽃다발

간단하게 만드는 미니 꽃다발 34
Simple Mini Bouquets

국화로 만드는 독특한 포장법 36
Unique Packaging Made With Chrysanthemum

안개초로 예쁘게 포장하기 38
Packaging With Baby's Breath

엽란으로 포장하기 40
Packaging With Aspidistra

수국 한 송이로 만드는 꽃다발 42
Bouquet of a Single Hydrangea

다양한 색상의 그린들로 꽃다발 만들기 44
Bouquet of Greens

장미를 이용한 꽃다발 46
Rose Bouquet

오렌지 튤립과 크로톤의 컬러 매치 48
Orange Tulips Matched With Croton

캐주얼한 양귀비 꽃다발 50
Casual Poppy Bouquet

다양한 꽃들로 만든 꽃다발 52
Bouquet Made With Variety Flowers

왁싱지로 구김 포장하기 54
Wrinkled Packaging With Waxing Paper

행사장에서 사용하기 좋은 꽃다발 56
Bouquet for Event Halls

포장지 없이도 예쁜 꽃다발 58
Lovely Bouquets Without the Packaging

Chapter 3

바스켓 디자인

작은 인형이 있는 플로랄 바스켓 62
Floral Basket with Small Doll

그린 그린 바스켓 64
Green, Green Basket

달콤한 색상의 장미 바스켓 66
Sweet Rose Basket

과일이 담긴 플로랄 바스켓 68
Floral Basket With Fruits

귀여운 뚜껑이 있는 플로랄 바스켓 71
Floral Baskets With Lids

여름철에 예쁜 시원한 색상의 바스켓 74
Cool Summer Basket

pot-et-fleur 만들기 76
Making a Pot-et-fleur

귀엽고 아기자기한 미니장미 바스켓 78
Charming Mini Rose Basket

내추럴한 분위기의 클레마티스 바스켓 80
Natural Clematis Basket

Chapter 4
베이스 디자인

유리용기 활용하기 84
Designing Glass Container

베이스 디자인에 속새로 질감 만들기 86
Creating Texture for Vase Design

컬러 유리용기 활용 88
Using Colored Glass Container

기본 형태의 베이스 디자인 90
Basic Form of Vase Design

투명한 유리용기에 컬러 표현하기 92
Expressing Colour in Transparent Glass Container

꽃다발로 유리용기 디자인하기 94
Designing Glass Container With a Bouquet

Chapter 5
신부부케
부토니어
화관

줄리엣 로즈로 만든 신부부케 98
Bridal Bouquet With Rose 'Juliet'

스위트 피로 만드는 귀엽고 달콤한 부케 100
Charming Bouquet of Sweet Peas

내추럴하고 빈티지하게 102
Looking Natural and Vintage

칼라 내추럴 스템 부케 104
Natural Stem Bouquet Using Calla Lily

베들레헴의 별로 만든 부케 106
Bouquet of Star of Bethlehem

심플한 튤립 부케 108
Simple Tulip Bouquet

동글동글한 미니장미 부케 110
Round Mini Rose Bouquet

폼 홀더 부케 112
Foam Holder Bouquet

코사지와 부토니어 114
Corsages and Boutonnières

화관 118
Bridal Garland

Chapter 6
용기 디자인

다육식물로 장식하기 122
Decorating Succulent Plants

붉은 장미를 이용한 매력적인 디자인 124
Attractive Designs Using Crimson Roses

플로랄 박스 126
Floral Box

티팟 & 커피잔으로 장식하기 128
Decorating Tea Pot and Cup

테라코타 화분을 용기로 활용하기 130
Terra-Cotta Pots as Containers

레이스 패턴의 바스켓 132
Lace Patterned Baskets

빈티지한 소품활용 134
Using Vintage Props

티 박스를 이용한 플로랄 박스 만들기 136
Making a Floral Box With a Tea Box

작은 사이즈의 용기 디자인 138
Small Container Designs

단추장식의 붉은 용기 디자인 140
Designing A Red Container With Button

나무상자 장식 142
Decorating Wooden Box

패브릭 용기에 디자인하기 144
Designing Fabric Containers

음화적 공간을 적용한 디자인 146
Applying Negative Spaces into the Design

리스 장식하기 148
Decorating Wreath

인덱스 152
꽃 소재가 사용된 상품 찾아보기
이 꽃이 어떤 상품에 쓰였을까?

겟 잇 플라워 베이직

감각있는 상품을 만들기 위한
기본 알아두기

GET IT FLOWER BASIC

Chapter 1 *contents*

포장디자인
Package Design

포장지
Wrapping Paper

리본
Ribbon

보우
Bow

그외 필요한 것들
Etc.

공구
Tools

절화 관리 솔루션
Flower Care Solution

포장디자인

운반의 편의성이나 저장 및 판매를 위해 상품을 꾸리고 싸는 기술이나 방법을 '포장'이라 말하며, 포장은 꽃상품 제작에 있어서도 매우 중요한 부분으로 취급되고 있다. 포장의 방법이나 기술에 따라 외부 환경으로부터 상품을 직접적으로 보호하거나 생산자로부터 소비자에 이르기까지 유통 중 발생할 수 있는 파손을 최소화 할 수 있다. 이러한 기능적인 부분 외에도 상품 포장을 통하여 상품의 가치를 높이고 아름다움이 더욱 돋보일 수 있도록 시각적 가치를 높이는 디자인적 부분과 제품의 통일성을 유지하고 메시지나 정보를 전달하는 기능에 이르기까지 포장의 중요성은 더욱 증대되었다.

최근 소비자의 욕구가 더욱 다양하게 변화하고 제품 판매에 대한 경쟁이 심화되면서 상품 포장이 마케팅의 한 분야로 중요시 되고 있으며, 상품의 개발 및 생산, 마케팅 전략 수립에 이르기까지 포장의 소재나 디자인과 관련된 내용들은 끊임 없이 논의가 이루어지고 있다.

주요 기념일들을 살펴보면 연말연시, 설, 추석 등의 민속절기와 더불어 생일, 결혼기념일, 졸업과 입학, 어버이날, 크리스마스, 발렌타인데이 등이 있다. 그 외에도 수년 전부터는 빼빼로데이와 같은 새로운 이벤트 성격의 기념일까지 끊임 없이 생겨나고 있다. 이러한 각종 기념일에 이루어지는 선물들은 그 의미에 맞는 색상과 형태, 더불어 선물 받을 사람의 나이 및 성별 등을 충분히 고려하여 포장되어야 한다. 포장은 단순히 아름답거나 혹은 비용이 저렴하다고 하여 '좋은 포장'이라 말하기 어렵다. 포장의 목적과 용도, 의미, 사용 환경 등이 충분히 고려되고 그것들이 잘 적용되었을 때 비로소 '좋은 포장'을 완성할 수 있는데, 다양한 포장지와 리본, 절화 및 절엽, 절지 등의 재료들을 충분히 파악하고 그 특성을 이해하는 것이 '좋은 포장'을 위한 '좋은 출발'이라 할 수 있을 것이다.

포장을 진행하는 과정에 대하여 분석해 보면 우선 주문을 받기 위해, 혹은 선물을 하기 위해 고려해야 할 사항들이 있다. 이러한 고려사항을 통한 접근으로 주제를 설정하고 누구나 공감할 수 있도록 표현할 수 있도록 해야 한다. 우선적으로 선물을 받는 사람(who), 선물의 종류(what), 시간(when), 장소(where), 메시지 등의 6개의 '6W'와 1개의 '1H'('6W1H')의 필수적인 사전조사 내용을 수집한 후 의뢰인의 요구사항과 수집된 정보를 충분히 고려하여 방향을 설정하고 디자인을 결정해야 한다.

'6W1H'의 사전조사는 디자인의 방향과 성격을 분명하게 해 주는데 도움이 된다. 이 때 도출된 주제나 디자인의 방향성은 의뢰인과 충분히 소통하는 것이 중요하며, 시각적으로도 확인할 수 있도록 제시해 주어야 한다. 의뢰인은 시각적으로 확인된 디자인에 대한 만족도가 더 높기 때문이다. 꽃다발이라면 다양한 포장지와 리본의 배색 사례를 직접 보여주는 것도 좋은 방법이 된다. 의뢰인은 좀 더 편하게 선택할 수 있고 공급자는 클레임에서 좀 더 자유로울 수 있다.

Package Design

"Packaging" refers to the methods and techniques used in enclosing goods for transport, storage, and sales, and packaging is viewed to have an important part in the creation of flower products. Depending on the methods and techniques used in packaging, products can be protected from the outside elements as well as from damages that can occur during the distribution process, from the producers to the customers. Aside from such functional factors, packaging can also raise the value of the products, enhance the visual effects of the products, maintain uniformity of the products, as well as relate messages and informations.

With recent increase in the customers' desire for more diversity and sales becoming more competitive, packaging is becoming even more important part of marketing. Endless discussions are being made concerning materials and designs of packaging, from product development and production to establishing marketing strategy.

Among the significant commemoration days are traditional holidays such as New Year's Day, Lunar New Year's Day, and Thanksgiving Day, and Christmas. Other days of celebration include birthdays, wedding anniversaries, graduations and school entrances, Parents' Day (or Mother's Day and Father's Day), and Valentine's Day. Also, recently, new commemorations days such as "bebero day" and days celebration new events are being added constantly. Gifts given on each of these special days have to be packaged differently according to the meaning of the day; color, form, and receiver's gender and age must be considered. Visual appeal and inexpensive price alone does not make a "good packaging". The purpose, meaning, situations, all have to be considered and applied to make a "good packaging". Knowledge and understanding of the characteristics of materials such as various wrappings, ribbons, cut flowers, cut leaves, and cut branches can be said to be a "good start" to a "good packaging".

In the process of making a package, when taking an order, or making an order, there are many factors to take in to account. These consideration factors would be the deciding factors of a great theme and design. First of all, you should gather information on the receiver of the gift, the type of gift, time, place, and messages. In other words, you should ask and find answers to the "6W1H" questions, and then decide on the direction of the design.

Answers to the "6W1H" questions will help in deciding the direction and clarifying the personalty of the design. When you have an idea of the theme and the direction of the design, it is advisable to communicate sufficiently with the customer and present a visual picture of the outcome. Customers who have been given a visual picture of the design beforehand are known to have higher rate of satisfaction. For example, if it is a bouquet, it would be a good idea to show the customer the color combination of wrapping and ribbons. In this way, the customer can select more comfortably and the supplier can reduce the possibility of complaints.

포장지

포장은 꽃상품이 더욱 아름다울 수 있도록 돋보이게 하는 시각적 기능과 꽃상품으로 전달하고자 하는 메시지를 통한 정보전달의 기능까지 가지고 있다. 그 외에도 상품을 구성하는 절화와 절지 등의 손상을 막고 신선도를 유지하기 위한 보호 기능까지 함께 수행한다. 포장의 형식이나 형태에 따라 적절한 포장지의 선택은 포장의 기능 및 디자인을 향상시켜줄 수 있으며, 그에 따라 점차 다양한 종류의 포장지가 개발되어 시중에 유통되고 있다.

1. 왁싱지 Paraffin Paper
모조지나 크라프트지, 글라신페이퍼 등의 종이에 가열한 파라핀을 도피하여 제작된 포장지로 물이나 습기에 비교적 강하다. 하지만 꺾인 부분은 선명한 자국이 생긴다.

2. 유산지
목면섬유 등의 원지를 담가 특수 처리한 것으로 약간 반투명한 특성을 가지고 있다. 본래 플로랄 디자인 용도로 유통되었던 포장지가 아니었기 때문에 절단 된 상태로 유통되며, 물에 닿으면 약간 쭈글쭈글하게 변한다.

3. 크라프트지 Kraft Paper
표백되지 않은 크라프트 펄프로 만든 종이로 색과 질감이 매우 독특하다. 예전에는 소포를 싸는 용지나 시멘트, 밀가루, 곡물 등의 포장에 주로 사용하였으나 독특한 질감과 색상으로 최근에는 매우 다양한 용도로 사용되고 있다. 포장지나 라벨, 명함 등으로의 활용도 크다.

4. 부직포 Non-Woven Fabric
섬유를 직포공정 없이 적당히 배열한 후 서로 접합되도록 한 시트 모양으로 가장자리가 풀리는 일이 없으며, 물이나 습기에 강하고 가격이 내우 저렴한 편이어서 다양하게 사용되고 있다.

5. 플로드지
반투명한 느낌의 포장지로 투명 필름의 느낌에 가깝다. 플로랄 폼을 포장지로 감싸서 사용하고 싶지만 방수처리가 고민스럽다면 적극 추천할 만하다. 다양한 컬러가 판매되고 있어 선택이 자유롭지만 다소 광택이 있어 고급스러운 이미지와는 거리가 있다.

6. 한지 Korean Paper
닥나무 원료로 만들어진 전통적인 종이로 질감이 매우 독특하다. 다른 종이와는 다르게 염색된 후 색이 매우 아름다워 다양한 용도로 사용할 수 있으나 물에는 다소 약한 편이므로 포장에 주의하도록 한다. 단순한 질감의 한지에서부터 말린 식물이 첨가된 것, 구멍이 있는 것, 재질이 좀 더 거친 것 등 매우 다양한 종류가 유통된다.

7. 주름지 Crepe Paper
단색주름지, 그라데이션 주름지, 금박이나 은박의 주름지 등이 있다. 탄력성이 있어 주름을 당겨 원하는 형태를 만들어 사용할 수 있다.

8. 투명 필름 Clear Film
무늬가 없는 것과 하트, 영문 등의 무늬가 있는 것이 있다. 큰 롤로 감겨져서 판매되는 것과 작은 직사각형으로 재단되어 판매되는 것이 있다. 같은 가격이라도 두께에 따라 감겨진 양이 다르다.

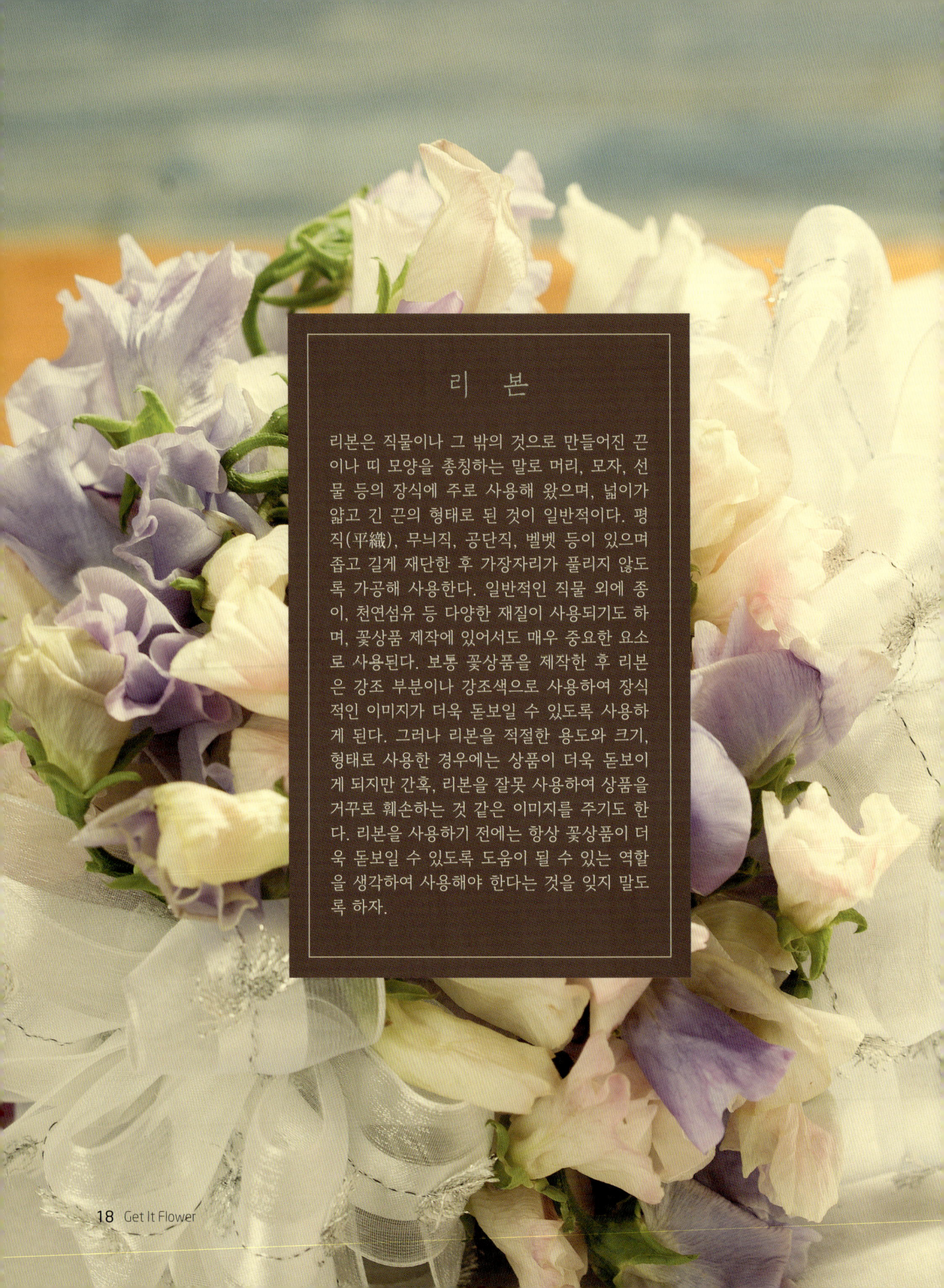

리 본

리본은 직물이나 그 밖의 것으로 만들어진 끈이나 띠 모양을 총칭하는 말로 머리, 모자, 선물 등의 장식에 주로 사용해 왔으며, 넓이가 얇고 긴 끈의 형태로 된 것이 일반적이다. 평직(平織), 무늬직, 공단직, 벨벳 등이 있으며 좁고 길게 재단한 후 가장자리가 풀리지 않도록 가공해 사용한다. 일반적인 직물 외에 종이, 천연섬유 등 다양한 재질이 사용되기도 하며, 꽃상품 제작에 있어서도 매우 중요한 요소로 사용된다. 보통 꽃상품을 제작한 후 리본은 강조 부분이나 강조색으로 사용하여 장식적인 이미지가 더욱 돋보일 수 있도록 사용하게 된다. 그러나 리본을 적절한 용도와 크기, 형태로 사용한 경우에는 상품이 더욱 돋보이게 되지만 간혹, 리본을 잘못 사용하여 상품을 거꾸로 훼손하는 것 같은 이미지를 주기도 한다. 리본을 사용하기 전에는 항상 꽃상품이 더욱 돋보일 수 있도록 도움이 될 수 있는 역할을 생각하여 사용해야 한다는 것을 잊지 말도록 하자.

폴리새틴 리본 Poly Satin
광택이 많아 오래전에 사용되던 비단공단과 비슷해 공단리본이라 부르기도 한다. 실제로 비단은 아니고 Polyester이지만 위사(가로방향의 실)와 경사(세로로 들어가는 실)의 위치에 따라 광택의 정도가 달라진다. 그로그랭 리본과 함께 가장 흔히 사용되는 리본의 종류로 한 면만 광택이 있는 단면 공단과 양면 공단, 광택이 거의 없는 무광 공단이 있다.

스티치 리본 Stitches
리본의 가장자리에 홈질한 것처럼 스티치가 들어가 있는 리본으로 단순한 형태의 스티치가 들어 있는 경우도 있지만 독특한 스티치가 된 경우도 있다. 좁은 스티치 리본은 스티치가 1줄로 되어 있지만 1cm가 넘으면 양쪽이 스티치 되어 두 줄 스티치로 바뀐다.

피코 리본 Picot
리본의 가장자리에 실로 레이스 장식 처리가 되어 있는 리본을 말한다. 리본에 따라 한 면만 피코 된 것도 있지만 보통의 경우 양쪽이 모두 피코 되어 있다.

그로그랭 리본 Grosgrain
polyester 원사의 리본으로 가로 방향에 골이 파져있는 것이 특징이므로 골직 리본으로 불린다. 리본에 일정한 골 무늬가 있어 튼튼하면서도 질감이 있고 앞뒤 구분이 없다. 그러나 다소 두께감이 있다.

오건디 리본 Orandy
organza, sheer, chiffon으로 부르기도 하며, 잠자리 날개처럼 얇고 뒷면이 비치는 투명한 리본으로 매우 가볍고 섬세한 이미지의 리본이다. 다른 리본과 함께 사용하면 더욱 풍부한 감성을 느낄 수 있다. 아무 무늬가 없는 평직 오건디를 기본으로 두 가지 색이 한꺼번에 염색된 그라데이션 오건디, 펄이나 광택이 있는 펄 오건디, 가장자리에 라인이 있는 라인 오건디, 스트라이프 오건디도 있다.

프릴 리본 Frill
리본의 양쪽에 잔물결 형태의 프릴이 달려 있는 것으로 보우를 만들면 매우 여성적이고 화려하다. 프릴과 리본의 재질이 다른 경우도 있으며, 프릴이나 리본의 폭 역시 매우 다양한 편이다.

Poly Satin

Grosgrain

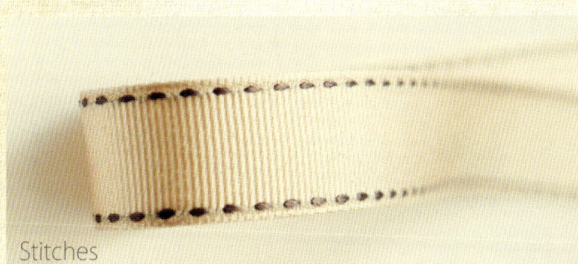
Stitches

Orandy

Picot

Frill

토숀레이스 Crochet
크로셰라 부르기도 하며, 규칙적인 무늬가 있는 경우가 많아 마치 작은 코바늘로 짠 것처럼 보인다.

종이 라피아 Paper Raffia
본래 섬유질로 만들어진 라피아의 질감과 비슷하게 종이로 제작된 것으로 라피아에 비해 사용이 편리하고 색상이 다양하다.

체크리본 Check
다양한 체크무늬들이 리본에 직조되어 있거나 프린트되어 있다. 직조된 체크의 색상에 따라 다소 차이는 있으나 대체로 빈티지한 이미지와 잘 어울리는 편이다.

레이스 Lace
리넨사 등의 레이스 실로 제작된 편물로 아름답고 우아한 분위기를 가지며 약간의 투시성이 있는 경우도 있다. 독특한 무늬가 반복적으로 배열된 경우가 많다.

벨벳 Velvet
아주 미세한 털들로 덮어 있어 두껍지만 따뜻한 이미지를 준다. 겨울에 많이 사용하는 리본이다.

스트라이프 리본 Stripes
그로그랭 리본이나 폴리 새틴 리본, 오건디 리본 등에 줄무늬가 규칙적으로 배열되어 있다. 줄무늬는 간혹 메탈릭 소재가 첨가되기도 하며, 같은 폭의 줄무늬가 반복되기도 하지만 다른 폭들이 배열되기도 한다.

와이어 리본 Wired
양쪽 솔기에 얇은 와이어가 들어 있어서 리본을 구부리면 구부린 형태가 그대로 유지되는 것이 특징이다. 보우 제작이 서툴다면 쉽게 제작할 수 있어 편리하지만 가격이 다른 리본에 비해 다소 비싼 편이다.

인조삼베 리본 Faux Burlap
삼베의 재질과 흡사하게 만들어진 리본으로 다소 투박해 보이지만 자연스러운 멋이 있다. 가장자리는 올이 풀리지 않도록 마무리 되어 있지만 자른 자리는 올이 풀리지 않도록 사선으로 잘라야 한다.

메탈 리본 Metal
금사, 은사 등을 사용하여 만든 리본으로 화려한 광택이 있으며, 색상과 폭이 비교적 다양한 편이다. 크리스마스 시즌에는 오건디에 금사나 은사로 패턴이 수놓아진 메탈 리본도 많이 사용된다.

펀칭 가공 리본 Punching
골지, 공단, 오간디 등의 리본에 가장자리나 한 부분을 초음파나 각종 펀칭 기구로 여러 모양으로 컷팅한 리본을 말한다. 모든 패브릭을 활용할 수 있지만 다소 딱딱한 종류의 패브릭에 활용하면 효과가 매우 뚜렷하다. 오건디 리본에 펀칭 가공할 경우 가장자리는 펀칭 가공처리하기 좋도록 다른 재질로 덧대는 경우가 많다.

샤무드 리본 Chamude
세무와 스웨이드의 합성어로 초극세사 인공피혁이다. 천연피혁의 느낌을 유지하면서 단점을 보완한 제품으로 다양한 용도로 사용되고 있다. 디자인의 마무리 용도나 액센트로 많이 사용된다.

자카드 리본 Jacquard
리본을 직조할 때 무늬를 넣어 수를 놓듯 직조한 리본으로 매우 고급스러운 것이 특징이다. 보통의 경우 앞면과 뒷면의 구별이 없지만 간혹 앞뒤의 구분이 명확한 것도 있다.

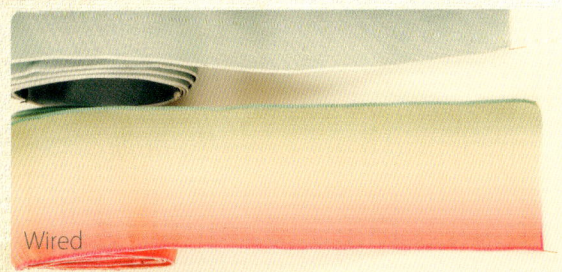

캔버스 리본 Canvas 캔버스 천으로 만들어진 리본으로 왁싱 되거나 다양한 무늬나 단어가 프린트 되어 유통된다. 긴 리본 상태로 사용하기도 하지만 단순 무늬가 반복되는 경우에는 필요한 만큼 잘라 라벨처럼 사용하기도 한다.

망사 리본 Tulle 결혼식 베일에 사용하는 것처럼 얇은 망사로 된 리본으로 한 가지만 사용해도 좋지만 다른 레이스 리본과 사용해도 매우 아름답다. 뭉쳐 사용하면 색감도 달라 보이고 볼륨도 매우 풍성해 보이므로 필요에 따라 부피를 다르게 하여 사용하면 된다.

원단 리본 Fabric 패브릭을 자른 후 마감하거나 양쪽을 안으로 접은 후 접합시켜 길게 만들어진 리본이다. 매우 다양한 문양과 색상, 질감의 원단 리본이 유통되고 있다.

주름가공 리본 Pleated 폴리에스테르나 나일론 등의 섬유에 형태를 잡아서 주름을 고정하는 열 고정 링클(wrinkle)기법을 사용한 리본들을 말한다. 보통 물이 묻어도 리본이 퍼지지 않으며, 규칙적이거나 불규칙적인 주름이 매우 독특하여 디자인에 활용하면 매우 아름답다.

보 우

보우는 디자인에 사용될 경우 그 디자인의 인상을 결정하는 매우 중요한 요소로 작용된다. 그만큼 시각적으로 매우강한 영향력을 행사하고 있다. 보우의 형태나 루프의 크기에 따라 크고 화려할 수도, 작으면서 우아할 수도 있다. 기본적으로 고리 형태의 '루프(loop)', 중심의 '센터 루프(center loop/neck)', 꼬리 부분에 해당되는 '스트리머(streamer/tail)'로 구성되어 있으며, 이 구성 요소들의 사용 형태나 전체 디자인에 따라 다양하게 구분된다.

1. **폼폼 보우** Pompom Bow 귀엽고 동글동글한 느낌의 방울처럼 생긴 보우로 많은 루프들이 모여 둥근 형태를 이루고 있다. 방울처럼 생긴 형태 때문에 오건디 리본으로 만드는 경우가 많다.

2. **웨이브 보우** Wave Bow 순차적으로 형태가 이루어지기 때문에 사용되는 리본은 흐느적거리거나 힘이 없는 재질 보다는 다소 빳빳하거나 두께가 있는 것을 사용하면 만들기 쉽다.

3. **싱글 보우** Single Bow 가장 기본 형태의 리본으로 루프는 양쪽 하나씩 있어 싱글 보우라 부른다. 심플하고 만들기도 간단해서 다양한 용도로 사용된다.

4. **더블 보우** Double Bow 보우가 양쪽에서 더블로 배치되어 더블 보우라 부르는데 싱글 보우에 비해 좀 더 풍부하고 화려하다.

5. **엘리건트 보우** Elegant Bow 루프의 양 끝을 교차시켜 끝 부분이 뾰족하게 되도록 하면서 반복적으로 루프를 만들어가는 보우이다. 다소 평면적이지만 우아한 품격이 느껴진다.

6. **스프레이 보우** Spray Bow 루프를 순서대로 나열하고 크기 역시 점차 크게 만드는 보우로 루프의 크기나 수에 따라 볼륨이 매우 달라진다.

그외 필요한 것들

1 플로랄 테이프 Floral Tape 흰색, 연녹색, 진녹색, 고동색 등의 색상이 있으며, 부케철사와 같이 줄기를 다른 소재가 대신할 때 자연줄기와 가깝게 가리는 목적으로 사용된다. 가는 주름 사이에 점성의 물질이 있으므로 늘리면서 사용해야 하고 지나치게 오래 두면 점성이 약해지므로 주의하도록 한다.

2 방수 테이프/앵커 테이프 Waterproof Tape 플로랄 폼을 용기에 고정할 때 주로 사용하는 진녹색의 테이프로 점성이 매우 강하다. 그러나 용기에 접착시킬 때는 용기에 수분을 깨끗하게 제거한 후 사용해야 더욱 단단하게 고정된다.

3 양면 테이프 Double-Sided Tape 테이프의 안과 밖에 접착처리가 되어 있어 리본을 고정하거나 포장지를 고정할 때 많이 사용한다. 클리어 테이프와 함께 가장 기본적인 재료이다.

4 클리어 테이프 Clear Tape 투명한 테이프로 포장지를 고정하는 용도로 많이 사용되며 폭은 1cm정도의 좁은 것에서부터 매우 다양하게 판매된다.

5 부케 와이어 Bouquet Wire #18(gauge), #20, #22, #24, #26의 두께가 주로 유통되며, 은색의 철사를 사용하기 좋도록 잘라 판매한다. 숫자가 작을수록 두께가 두꺼운 철사이며, 한 묶음에 얇은 철사일수록 많은 수량이 들어 있다.

6 메탈릭 와이어 Metallic Florist Wire 매우 가늘고 약간은 탄성이 있지만 기본적으로 부드러운 철사이다. 금색, 은색, 적색, 청색 등으로 에나멜이 코팅되어 있어 컬러가 매우 다양하고 디자인에 활용도가 높다.

7 불리언 와이어 Bullion Wire 가는 금색이나 은색의 철사가 마치 스프링처럼 아주 촘촘한 간격으로 감겨져 있어 필요한 만큼 늘려가며 사용할 수 있다. 최근에는 늘려진 상태로 작은 타래에 감겨서 판매되기도 한다.

8 알루미늄 와이어 Aluminium Wire 알루미늄으로 된 긴 와이어로 자유롭게 구부러지는 장점이 있으며, 색상도 매우 다양하게 판매된다. 다른 와이어 종류에 비해 두께가 두껍고 장식적인 용도로 많이 사용되고 있다.

9 지철사 Paper Covered Floral Wire 그린색, 브라운색, 흰색 등의 얇은 종이로 감싸져 유통되는 철사로 보통 #27을 많이 사용하지만 다른 두께의 철사도 유통된다.

그외 필요한 것들

1 바인드 와이어 bind wire 지철사와 매우 비슷하지만 지철사에 비해 종이가 다소 두껍게 감겨 있고 긴 롤 상태로 유통된다. 지철사에 비해 꽃의 손상이 적은 편이지만 가격은 다소 비싼 편이다.

2 치킨 와이어 네트 Chicken Wire Net 본래 닭장을 만드는 용도로 제작되어 치킨 와이어라 부르며, 육각형 모양의 철망으로 되어 있다. 특정한 형태를 만들고 싶을 때 토대로 사용하거나 고정재로 사용하기도 한다.

3 브론즈 네트 Bronze Net 용도나 형태는 치킨 와이어 네트와 비슷한 편이다. 그러나 치킨 와이어 네트는 잘 보이지 않는 곳에 기능적인 용도로 주로 사용하는데 비해 브론즈 네트는 디자인적인 용도로도 많이 사용된다. 기능적인 용도와 디자인적인 용도로 동시에 사용해야 할 때 매우 적합한 소재이다.

4 라피아 Raffia 종려의 섬유질로 물에 젖으면 더욱 질기고 튼튼해진다. 자연색 외에도 다양한 색상으로 염색하여 판매되며, 꽃다발을 묶을 때도 사용하지만 리본 대용으로 사용해도 좋다.

5 코사지 핀 Corsage Pin 코사지를 고정할 때 사용하던 핀이지만 그 외에도 꽃을 작은 폼에 고정할 때도 사용한다. 핀의 머리 부분은 여러 가지 사이즈의 진주나 크리스탈로 장식되어 있다.

6 코사지 집게 및 자석 Corsage Tongs & Magnet 코사지를 고정하는 집게와 자석으로 코사지를 쉽게 고정하고 옷의 손상을 최소화하기 위하여 개발된 것들이다. 자석의 경우에는 하나의 극을 코사지에 글루 건 등으로 고정한 후 다른 반대의 극은 고정하지 않고 옷의 뒷면에 덧대면 두 개의 극이 서로 당기는 힘으로 코사지가 고정된다. 이 경우 옷이 전혀 손상되지 않고 코사지를 사용할 수 있다.

7 생화용 접착제 Floral Adhesive 생화 전용 튜브타입의 액상 접착제이다. 건조되어 고정되기까지는 다소 시간이 걸리지만 한 번 고정된 후에는 매우 단단해서 잘 탈착되지 않는다. 물에도 매우 강한 편이며, 식물의 손상도 최소화할 수 있다. 하지만 색이 밝거나 부드러운 잎의 경우 지나치게 많이 사용하면 변색이 될 수 있다.

8 스프레이 접착제 Spray Glue 헤어스프레이처럼 뿌리는 타입의 본드로 한꺼번에 많은 작업을 할 때 매우 편리하다. 부착할 면을 위로 하여 스프레이 한 뒤 필요한 장소에 붙이면 되는데, 빠른 속도로 건조되므로 한꺼번에 많이 스프레이 해 둘 경우 굳어서 접착력이 떨어진다.

그외 필요한 것들

1 염료 스프레이 Color Sprays Design master의 염료 스프레이 제품으로 다양한 컬러가 판매되고 있다. 공업용 스프레이의 경우 꽃잎에 닿으면 꽃잎의 색이 변하거나 냄새가 심하게 나는데 이 제품은 꽃에 스프레이 디입을 분무하여 손상 없이 원하는 컬러를 단시간 내에 얻을 수 있다.

2 식물 잎 광택제 Leaf Shine 식물의 생산 및 유통 단계에서 발생되는 농약, 비료, 흙, 먼지 등의 자국을 쉽게 제거하여 건강한 식물로 보일 수 있도록 광택을 유발하는 스프레이 타입의 광택제이다.

3 플로랄 바스켓 Floral Basket 꽃을 장식하기 위한 용기로 사용되는 바스켓으로 특히 운반의 용이성 때문에 상업적인 용도로 많이 사용된다. 대나무, 왕골, 등나무 등 재질도 매우 다양한 편이다.

4 유리용기 Clear Vase 다양한 크기와 종류의 유리용기가 시중에 유통되고 있으나 대부분 중국 등지에서 수입되고 있다. 투명성이 강하고 가격이 저렴한 편이어서 여러 용도로 사용되고 있으며, 최근에는 플로랄 폼을 세팅하거나 다른 고정재를 넣은 후 디자인하는 경우가 많다.

5 플로랄 폼 Wet Floral Foam 흡수성 발포 폼으로 수분공급을 통하여 꽃의 수명이 길어지도록 하며, 식물을 고정하는 고정재 역할을 한다. 건조 상태로 사용하는 드라이 폼과 수분을 흡수시킨 후 사용하는 폼 두 가지가 있다.

6 미니 데코 플로랄 폼 Mini Deco Floral Foam 아랫부분이 물체에 접착될 수 있도록 플라스틱과 양면 테이프 처리가 되어 있는 플로랄 폼으로 작은 사이즈의 물체를 장식할 때 매우 유용하다.

7 부케 폼 홀더 Bouquet Foam Holder 부케를 제작하기 위한 폼 홀더로 플로랄 폼이 플라스틱으로 고정되어 있으므로 꽃을 꽂아두면 수명이 비교적 긴 편이다. 그러나 젖은 플로랄 폼의 무게가 무겁다는 단점이 있으며, 대부분은 선물용 부케보다는 신부용 부케에 많이 사용되고 있다.

8 진주와 비즈 Pearl & Beads 장식용 액세서리 용도로 사용하는 진주와 비즈는 다양한 컬러와 종류가 유통되고 있다. 진주는 크기와 컬러가 다양하지만 비즈의 경우에는 재질도 매우 다양한 편이다.

그외 필요한 것들

1 수명연장제 Flower Food CHRYSAL에서 보급되기 시작하여 지금은 여러 회사에서 다양한 제품들을 만들어 판매하고 있다. 식물체의 부패를 방지하기 위한 소독성분과 영양공급을 위한 당류 등이 주요 재료이며, 수명연장제를 넣은 물로 물올림 해주면 수명이 길어지는 효과를 얻을 수 있다.

2 엔젤헤어 Angel Hair 아주 가는 금속성의 제품으로 마치 천사의 머리카락같이 가늘고 부드러운 곱슬머리처럼 보여 붙은 이름이다. 매우 섬세하여 조심스럽게 펼친 후 완성된 디자인의 위에 살짝 얹어주면 매우 부드러우면서도 몽환적으로 보인다. 은빛이 도는 화이트를 기본으로 다양한 색상이 유통된다.

3 사이잘 Sisal 용설란과의 식물에서 얻어지는 섬유질로 가늘게 쪼개어 유통하거나 실처럼 다시 꼬아진 상태로 유통하기도 한다. 매우 다양한 컬러로 염색되어 판매되고 있으며, 가격도 저렴하다. 원하는 형태로 펼친 후 스프레이 타입의 접착제를 뿌려 형태를 고정해 사용하거나 그냥 부드럽게 사용할 수 있다.

4 깃털 Feather 다양한 색상으로 염색되어 유통되고 있으며, 겨울철에 포근한 이미지 때문에 간혹 사용된다. 디자인에 따라 필요한 곳에 사용할 수 있다.

5 핀 홀더 및 픽스 Foam Pin Holder & Fix 용기에 비해 작은 사이즈의 플로랄 폼을 고정하고 싶을 때나 다른 물체를 고정하고 싶을 때 주로 사용한다. 껌처럼 생긴 픽스를 조금 떼어 손으로 약간 만진 후 핀 홀더의 바닥에 붙이고 원하는 장소에 고정하면 된다. 핀 홀더에 플로랄 폼을 적당한 크기로 잘라서 끼우기만 하면 단단하게 고정된다.

6 플로랄 타이 Floral Ties 본래는 전선 등을 묶는 용도로 사용되었지만 플로랄 디자인에서도 다양한 용도로 사용되고 있다. 절지를 묶거나 다른 물체들을 고정할 때도 사용하는데, 기본 컬러 외에도 레드, 블루와 같은 여러 색상을 사용하고 있다.

7 워터 튜브 Water Tube 식물의 길이가 사용하고 싶은 만큼 충분하지 못하거나 다른 방법으로 수분 공급이 원활하지 못할 때 워터튜브를 사용한다. 워터튜브를 다른 물체나 가지에 고정한 후 물을 담고 식물을 꽂아 디자인에 사용하는데, 재질은 플라스틱과 유리가 있으며, 플라스틱의 경우 뚜껑이 함께 있으므로 필요에 따라 사용할 수 있다.

8 침봉 Pin Holders 여러 개의 침들이 꽂혀 있어서 식물의 줄기를 꽂아 고정하는 고정재로 사용한다. 보통 동양꽃꽂이를 위해 사용하지만 최근에는 좀 더 다양한 용도로도 사용하고 있다.

공구 Floral Tools

1 글루 건 Hot Melt Glue Gun 총 모양으로 생긴 기구에 접착용 플라스틱을 녹여 목재, 금속, 천 등에 간단하게 접착할 때 사용하는 공구이다. 작은 사이즈와 큰 사이즈가 있으며, 작은 사이즈에 비해 큰 사이즈는 높은 온도로 인한 화상의 위험이 좀 더 높다.

2 수공가위 Crafts Scissors 리본을 자르거나 잎 소재를 다듬는 용도로 사용할 수 있다. 그러나 되도록 잎 소재와 리본을 함께 사용하지 않아야 오랫동안 사용할 수 있다.

3 전정가위 Pruning Shears 두꺼운 줄기의 절지류 등을 자를 때 매우 유용한 가위로 절지 외에도 한꺼번에 여러 줄기를 잘라야 할 때에도 매우 편리하게 사용할 수 있다. 전정가위는 다양한 종류가 시중에 유통되고 있으며, 가격의 편차도 매우 큰 편이다. 본인에게 적합한 것을 사용하면 된다.

4 플로리스트 나이프 Florist Knife 플로리스트들이 사용하는 전용 나이프로 일반적인 나이프와는 다르게 한 면의 날이 서 있다. 나이프는 지속적으로 날을 갈아가면서 사용할 수 있으므로 좋은 것을 구매해도 좋으며, 식물을 절단할 때 가위에 비해 매우 효율적이므로 반드시 나이프를 사용하도록 해야 한다.

5 니퍼 Nipper 철사를 자르는 용도로 주로 사용하며, 사이즈가 다양하다. 사용하는 용도나 손의 크기에 따라 적당한 사이즈를 선택하면 된다.

6 롱 노즈 플라이어 Long Nose Plier 머리 부분이 길게 돌출되어 있어 마치 코가 길게 나온 것처럼 보인다. 철사 등을 조이거나 돌릴 때 주로 사용하며, 중심 부분에 자르는 부분도 있다.

7 스트리퍼 Stripper 절화의 줄기에 있는 가시나 잎 등을 제거할 때 사용하는 것으로 비교적 손쉽게 불순물을 제거할 수 있지만 너무 강하게 힘을 주어 사용하면 줄기가 손상될 수 있으므로 주의해야 한다. 최근에는 줄기의 손상을 막기 위해 플라스틱이 아닌 실리콘 재질의 부드러운 스트리퍼도 판매되고 있다.

절화 관리 솔루션

시간 Time
절화는 구매한 후 최대한 빠른 시간 내에 수분을 흡수시켜 주는 것이 중요하다. 오랜 시간동안 고온의 상태나 건조 상태에 노출되면 컨디셔닝 과정을 거쳐 수분이 흡수되어도 수명이 짧아지게 되므로 꽃에 대한 정확한 물올림 방법 및 관리를 위한 시스템을 구축해 두는 것도 좋다.

온도 Temperature
잘라서 유통되는 꽃들(절화)는 온도 관리를 위해 온대 원산 및 열대 원산으로 구분하여 관리하는 것이 좋다. 온대 원산인 대부분의 꽃들은 2~3°의 온도 조건에서도 문제가 되지 않지만, 열대 원산의 꽃들은 저온에서 냉해를 입게 되어 색이 변하거나 쉽게 시들게 된다. 열대 원산의 꽃들은 13~15° 정도의 온도에 저장 보관하여야 한다. 상대습도는 80~90%가 좋다.

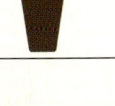
컨디셔닝 Conditioning
잘라서 유통되는 절화는 물이나 에너지 공급이 필요하므로 절화의 종류에 따라 적절한 케어 솔루션이 필요하다. 특히 식물체의 대부분을 차지하고 있는 물과 에너지의 충분한 공급은 식물체의 신선도를 높일 수 있는 직접적인 방법이 되므로 컨디셔닝 과정은 절화를 구입한 후 매우 중요한 과정으로 생각할 수 있으며, 컨디셔닝의 결과에 따라 수명의 차이는 매우 크다.

세균 Bacteria
절화는 컨디셔닝 후에도 지속적인 관리가 필요하다. 수질을 관리해주고 절화의 줄기를 적절한 주기마다 재절단 해 주어 도관 막힘 현상이 생기지 않도록 주의해야 한다. 컨디셔닝의 여러 단계에서 절화의 종류에 따른 적절한 위생관리는 꽃의 수명을 오랫동안 유지하기 위한 가장 중요한 단계로 볼 수 있다. 특히 물이 깨끗하지 못한 경우 급격한 세균 번식으로 이어지게 되고 이것은 줄기의 도관 막힘이나 줄기 부패의 직접적인 원인이 된다. 절화가 채화된 후 유통 및 디자인이 완성 될 때까지 절화가 닿는 모든 부분은 깨끗하게 관리 되어야 한다.
꽃의 신선도를 유지하여 수명을 연장하기 위한 가장 쉽고 빠른 관리 방법은 물통을 깨끗이 하는 것이다. 물통 관리 부족으로 인하여 세균이 줄기 안에 유입 되면 도관을 막아 영양분과 물의 공급을 방해하여 꽃을 빨리 시들거나 병들게 하기 때문이다.

에틸렌 Ethylene
에틸렌은 성숙, 노화를 촉진하는 식물 호르몬으로써 과일이 성숙되도록 도와주는 꼭 필요한 물질이지만 절화에게는 매우 치명적이다. 식물이 에틸렌에 장시간 노출되면 꽃, 잎, 봉오리 등의 색이 변한 후 시들거나 떨어지게 된다. 에틸렌에 의한 손상을 피하기 위해서는 환기가 잘 되지 않는 밀폐된 공간이나 높은 온도에서 장시간 보관하는 것은 반드시 피해야 하며, 시든 꽃이나 병충해에 감염된 부분은 신속히 제거해야한다. 특히 성숙한 과일이나 에틸렌 발생원과 같은 공간에 보관하지 않도록 주의하며, 시원하고 개폐된 공간에 보관하도록 한다.

BOUQUET

Chapter 2 contents

간단하게 만드는 미니 꽃다발
Simple Mini Bouquets

국화로 만드는 독특한 포장법
Unique Packaging Made With Chrysanthemum

안개초로 예쁘게 포장하기
Packaging With Baby's Breath

엽란으로 포장하기
Packaging With Aspidistra

수국 한 송이로 만드는 꽃다발
Bouquet of a Single Hydrangea

다양한 색상의 그린들로 꽃다발 만들기
Bouquet of Greens

장미를 이용한 꽃다발
Rose Bouquet

오렌지 튤립과 크로톤의 컬러 매치
Orange Tulips Matched With Croton

캐주얼한 양귀비 꽃다발
Casual Poppy Bouquet

다양한 꽃들로 만든 꽃다발
Bouquet Made With Variety Flowers

왁싱지로 구김 포장하기
Wrinkled Packaging With Waxing Paper

행사장에서 사용하기 좋은 꽃다발
Bouquet for Event Halls

포장지 없이도 예쁜 꽃다발
Lovely Bouquets Without the Packaging

꽃
다
발

Simple Mini Bouquets

Small bouquet are very useful to give casually on various events and special days. Although they make great gifts, it is not easy to come across pretty ones. You can make various versions fun little bouquets using different materials and suitable wrappings. Such cute mini bouquets make simple but impressive gifts. However, don't forget that since very little amount of flowers are used for mini-bouquets, it is important to avoid using flowers of low quality or just any commonplace flowers. Even if only one or two flowers are used, they should be of distinct color/shape and of good quality.

간단하게 만드는 미니 꽃다발

작은 사이즈의 미니 꽃다발은 다양한 이벤트나 특별한 날 부담스럽지 않은 선물로 매우 유용하게 사용된다. 그만큼 선물하기에도 매우 좋은 아이템이지만 의외로 예쁜 미니 꽃다발을 만나기는 쉽지 않다. 재미있는 미니 꽃다발 디자인을 원하는 분들을 위해 여러 가지 소재에 적절한 포장지를 이용하여 다양한 미니 꽃다발들을 만들어 보았다. 이렇게 작고 귀여운 꽃다발들을 특별한 날 사용해 보도록 하자. 간단하지만 매우 감동적인 선물이 될 것이다.

그러나 잊지 말아야 할 것은 미니꽃다발의 경우 매우 작은 양의 꽃을 사용하게 되므로 너무 흔하거나 나쁜 품질의 꽃은 피해야 한다. 한 두 송이만 쓰더라도 형태나 색이 독특하거나 품질이 좋은 꽃을 사용해야만 그 가치가 더욱 돋보인다는 것을 잊지 않도록 하자.

이렇게 만들어요!

1 리본으로 보우를 만들어 사용하는 대신 작은 나무토막을 잘라 장식한 것이 독특하다. 왁싱 처리된 종이는 리본의 색을 잘못 사용할 경우 이질적인 경우가 많은데, 오히려 비용을 들이지 않고도 재미있게 표현 할 수 있다.

2 달리아의 경우 쉽게 시드는 꽃이므로 반드시 물처리 한 후 포장해야 한다는 것을 잊지 말도록 하자. 물에 적신 솜이나 페이퍼 타올을 알루미늄 포일에 감싼 후 포장하면 꽤 오랫동안 시들지 않게 유지할 수 있다.

3 포장한 종이는 마치 벌집 모양을 하고 있어 '허니 쿠션' 이라 한다. 사방으로 늘리는 정도에 따라 형태가 다소 달라지는데 양쪽 끝을 잡고 구겨지지 않도록 조심해서 늘려야 형태가 예쁘게 유지된다. 포장을 할 때도 여러 번 만지작거리거나 접고 펴기를 반복하지 말고 한 번에 깔끔하게 포장 하도록 주의하자.

4 유산지와 작은 사이즈의 종이 도일리를 함께 사용해 포장한 것으로 매우 섬세하고 아름다워 보인다. 특히 보우를 달기 전에 작고 둥근 도일리의 중앙에 주름을 잡아 보우와 함께 달면 포장에 사용된 도일리의 섬세함이 좀 더 강조된다.

5 흰색 카네이션에 푸른색의 착색 스프레이를 뿌려 꽃에서 보기 어려운 색상을 표현하였다. 그러나 뿌리는 착색 스프레이를 사용할 경우 생화전용 제품을 사용해야 꽃이 상하지 않는다는 것을 잊지 말자.

재료 Materials

1 장미, 아스틸베(노루오줌), 국화(소륜), 로즈제라늄 (로지움 펠라르고늄)
2 달리아, 알케밀러, 코르딜리네, 호엽란
3 장미(마르시아), 백일홍, 숙근안개초, 서양측백나무
4 알리움, 펠라르고늄
5 카네이션, 장미(스프레이 타입), 숙근안개초

1 Rose, Astilbe, Chrysanthemum(Spray Type), Rose Geranium
2 Dahlia, Alchemilla(Lady's Mantle), cordyline, lily grass
3 Rose, Zinnia, Baby's Breath(*Gypsophila paniculata*), American Arbovitae(*Thuja occidentalis*)
4 Allium, Pelargonium
5 Carnation, Rose(Spray Type), Baby's Breath (*Gypsophila paniculata*)

Unique Packaging Made With Chrysanthemum

Among the standard chrysanthemum which has one flower to a stem, 'Shamrock' is most valued variety for its rare vivid yellow-green colour. However, they are usually mixed with other flowers, diminishing its beauty, or bundled into large bouquets. Try utilizing them differently in small bouquets in a unique style. Using only one or two flowers with the mixture of other greens will rather make the design stand out. But one thing to keep in mind is not overdue the packaging.

국화로 만드는 독특한 포장법

하나의 줄기에 하나의 꽃이 달리는 스텐다드 타입의 국화 중에서 '샴록(Shamrock)'은 꽃에서 보기 어려운 연두빛이 매우 선명하여 가치가 높다. 그러나 대부분 샴록 국화를 사용한 다른 경우를 살펴보면 다른 꽃들과 뭉쳐 사용한 경우가 많아 샴록의 가치가 잘 드러나지 않거나, 큰 꽃다발에만 사용한 경우가 대부분이다.
이제부터는 작은 꽃다발에도 독특하게 응용해 보도록 하자. 오히려 한 두 송이를 다른 그린 소재들과 함께 사용하면 깔끔하면서 돋보이는 디자인을 만들 수 있다. 하지만 포장은 지나치지 않도록 주의해야 한다.

재료
엽란, 코르딜리네, 속새, 국화(대륜, Shamrock), 오리나무, 라이스플라워

Materials
Aspidistra, Cordyline, Equisetum, Chrysanthemum 'Shamrock', Japanese Alder(*Alnus japonica*), Rice Flower

이렇게 만들어요!

1 국화(샴록)는 꽃이 겹치지 않도록 두 송이를 먼저 고정한 후 잎이 넓은 코르딜리네와 긴 속새를 꽃의 뒷부분에 덧댄다. 꽃다발이 납작해지지 않도록 로즈제라늄과 라이스플라워를 앞부분의 한쪽에 볼륨감 있도록 넣는다.

2 포장지를 길게 자른 후 양쪽으로 접고 테이프로 고정한 후 손잡이 부분에서 모아 고정한다.

3 작은 직사각형 종이를 잘라 손잡이 부분을 한 번 더 감싼 후 잎맥을 제거하고 반으로 길게 자른 엽란를 리본과 함께 묶는다.

4 엽란 위로 묶은 리본은 예쁘게 매듭지어 마무리 한다.

* 리본으로만 마무리하는 것보다 엽란이나 다른 잎소재를 보우처럼 사용하면 좀 더 자연스럽고 독특한 꽃다발을 완성할 수 있다. Rather than just finishing it with a ribbon, using aspidistra or other leaf materials as a bow will create a more natural and unique design.

* 꽃다발에 사용되는 소재를 녹색만 사용할 경우 톤이 다르더라도 지나치게 단순해 보일 수 있다. 라이스플라워나 로즈제라늄, 엽란처럼 다양한 질감을 함께 사용하면 단순함을 줄일 수 있다. If only green materials are used in a bouquet, even if the tones vary, it could still look too plain. Adding texture with rice flower, rose geranium, or aspidistra would give more dimension to the design.

Packaging With Baby's Breath

Baby's breathe is a romantic item that has been loved by people for a long time. However, because it has been used in a limited way with crimson roses or other types of roses, it is easy to think of them as boring or somewhat unsophisticated. If you select the right flower to go with baby's breath, you can achieve a very different image. For example, baby's breath with tweedia will look cute and pretty. Baby blue wrapping sheet will add to the cute image while strong or deep blue wrapping sheet will give a summer feeling.

안개초로 예쁘게 포장하기

숙근안개초는 이미 오래전부터 사랑받아온 너무나도 로맨틱한 아이템이다. 그러나 붉은 장미나 다른 색상의 장미와 지나치게 한정적으로 사용되어 온 탓에 지루하게 생각하거나 다소 촌스럽다 느끼기 쉽다. 하지만 함께 사용하는 소재의 분위기를 잘 선택한다면 전혀 다른 이미지를 만들어 낼 수 있는데, 트위디아와 함께 사용하면 너무나도 귀엽고 앙증맞아 보인다. 포장지의 색상이 베이비 블루에 가깝다면 귀엽지만 스트롱(strong) 하거나 딥(deep)한 블루를 함께 사용하면 여름의 이미지를 만들어 낼 수 있다.

재료
숙근안개초, 트위디아(옥시페탈룸)

Materials
Baby's Breath(*Gypsophila paniculata*),
Tweedia(*Tweedia caerulea*)

이렇게 만들어요!

1 트위디아가 숙근안개초 사이에서 별이 뜬것처럼 보이도록 부분적으로 배치한다.
2 트위디아 둘레로 숙근안개초를 둘러 꽃다발의 형태를 둥글게 마무리한다.
3 포장지는 직사각형으로 잘라 두 장이 서로 사선으로 겹치도록 배치하고 줄기 길이만큼 자른다.
4 꽃다발의 끝선이 포장지가 겹쳐진 굴곡에 알맞은 높이가 되도록 배치한 후 둥글게 감싼다.
5 줄기가 노출되지 않도록 아랫부분에도 포장지를 덧댄 후 고정한다.
6 귀여운 이미지의 도트무늬 보우를 달아 완성한다.

* 트위디아는 줄기를 자르면 하얀 유액이 나오는데, 유액이 나오는 상태로 꽃다발을 만들면 매우 지저분해지고 물올림 역시 좋지 않다. 알맞은 길이로 자른 후 반드시 물에 약 2~3분 정도 담근 후 유액이 다소 빠지면 포장하는 것이 좋다. When the stem of tweedia is cut, white liquid called latex will come out which makes it messy to work with. The cut stem should be soaked in water for 2~3 minutes before packaging.

Packaging With Aspidistra
When packaging a bouquet, how about using big leaves instead of wrapping sheets? Aspidistra is easy to use in many different ways. Aspidistra makes ideal wrapping because it can help to maintain the freshness of the flower for a long time without water. Roll the aspidistra so that the lower part can enfold the stem of the flower, then complete the packaging by simply tieing a ribbon.

엽란으로 포장하기

꽃다발을 포장하기 위하여 매우 다양한 포장지가 이용되고 있지만 포장지를 사용하지 않고 넓은 잎들을 포장지처럼 사용하면 어떨까? 특히 엽란의 경우 다양한 형태로 응용하기 쉬우며, 수분공급 없이도 장시간 수명이 유지되므로 매우 이상적인 포장용 소재가 된다. 엽란을 둥글게 말아서 잎의 끝부분이 줄기를 감싸도록 배치하고 리본으로 간단하게 묶어 마무리 하였다.

재료
장미, 숙근플록스, 유스토마(리시안서스), 레몬잎, 엽란

Materials
Rose, Pholx, Lisianthus(*Eustoma*), Salal(*Gaultheria shallon*), Aspidistra

Bouquet of a Single Hydrangea

When you think of a hydrangea bouquet, it is easy to think of a variety of other flowers mixed with hydrangea or many pieces of hydrangea flowers put together. But it is possible to create a fabulous bouquet with a single hydrangea. To do this, pick out a nicely shaped hydrangea, and package it by wrapping an ivy vine around it so that it does not look too simple. If you add a lemon leaf and a linen label with "hand-made" written on it in front of the package, you will be able to create a much more finished look. Also, remember that the color and texture of blue-denim ribbon goes perfectly with hydrangea.

수국 한 송이로 만드는 꽃다발

수국을 사용한 꽃다발을 만든다고 하면 보통 많은 꽃들을 함께 사용하거나 여러 송이의 수국을 혼합한다고 생각하기 쉽다. 그러나 단 한 송이의 수국으로 얼마든지 멋진 꽃다발을 완성할 수 있다. 형태가 고른 수국 한 송이를 선택하고 밋밋하지 않도록 아이비 덩굴을 함께 둘러 포장하면 매우 분위기 있는 꽃다발이 완성 된다. 거기에 포장지 앞부분에 예쁜 레몬잎 하나와 핸드메이드라고 프린트 된 린넨 조각을 덧붙인다면 더욱 센스만점 꽃다발을 만들 수 있다. 수국과 색이나 질감이 너무 잘 어울리는 대님으로 만든 블루리본도 잊지 말자.

재료 수국, 아이비 덩굴
Materials Hydrangea, Ivy

이렇게 만들어요!

1 형태가 둥근 수국을 선택하여 물(수명 연장제 처리 된)이 든 워터튜브에 줄기를 고정한다. 자연스러운 돔의 형태가 되도록 꽃은 부분적으로 제거해 주고 긴 아이비 덩굴의 끝을 수국과 함께 워터튜브의 안으로 들어가도록 꽂은 후 수국에 둘러 자연스럽게 표현한다.
2 패브릭의 시접을 접고 직사각 형태로 만든 후 양쪽 모서리를 다시 접는다.
3 형태가 만들어진 패브릭을 이용해 수국을 감싼다. 이때 수국이 지나치게 패브릭에 묻히는 느낌이 들지 않도록 조심한다.
4 데님 리본과 토숀 레이스(Torchon Lace)로 단단하게 묶은 후 예쁘게 보우 형태를 만든다.
5 패브릭이 겹치는 부분에 레몬잎과 리본을 적당한 크기로 장식하여 완성한다.

* 잎소재로 꽃다발이나 바스켓 등을 장식할 때는 레몬잎처럼 쉽게 건조되지 않거나 건조된 후에도 형태 변화가 적은 종류의 소재를 사용해야 한다.   When decorating bouquets or baskets with leaves, use lemon leaves or similar types that don't change shape or dry easily.

* 수국을 꽃다발에 사용할 경우 물처리가 잘 되어 있지 않아 쉽게 시드는 것을 볼 수 있는데, 아무리 멋진 꽃다발이라 할지라도 시들어 버린다면 무용지물이다. 반드시 물(수명 연장제 처리된)을 가득 채운 워터튜브(뚜껑이 있는)를 사용하고 포장해야만 수국이 시드는 것을 방지할 수 있다.   When using hydrangea in a bouquet, make sure to use water tubes with lids filled with water treated with flower food before packaging to prevent the flower from withering.

Bouquet of Greens

It is easy to think that bouquets are made with only flowers. But by using various types of cut leaves or cut branches you can create bouquets of exotic images that are quite different from ordinary bouquets. You might want to try this if you want a unique bouquet or need an exotic design. In such designs, do not make additional wrapping with wrapping materials but simply use aspidistra or cordyline to finish the handle.

다양한 색상의 그린들로 꽃다발 만들기

꽃다발은 꽃들로만 만든다고 생각하기 쉽다. 그러나 다양한 절지나 절엽 소재들을 이용하면 매우 이국적인 이미지의 꽃다발을 만들 수 있으며, 일반적으로 볼 수 있는 꽃들을 이용해 만든 꽃다발과는 전혀 다른 매력과 감성을 가지고 있다. 색다른 꽃다발을 원하거나 이국적인 디자인이 필요하다면 한번 도전해 볼만하다. 그러나 이런 디자인의 경우 포장지를 덧대어 포장하지 말고 심플하게 엽란이나 코르딜리네 등의 넓은 절엽 소재로 손잡이 처리만 해 주는 것이 좋다.

재료
구즈마니아, 고드세피아나, 송 오브 인디아, 석죽, 홍죽(코르딜리네), 유칼립투스, 엽란

Materials
Guzmania, gold dust dracaena(*Dracaena surculosa*),
Song of India(*Dracaena reflexa* var. *angustifolia*), Sweet William,
Cordyline, Eucalyptus, Aspidistra

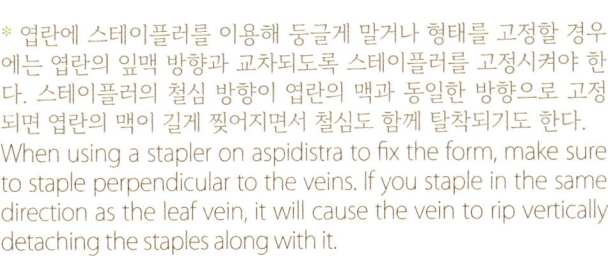

1 강한 컬러의 구즈마니아 두 송이의 높낮이를 다르게 하여 중심을 만든다.
2 색상과 질감의 대비를 고려하여 다른 그린소재들의 균형이 맞도록 배치하도록 한다.
3 엽란과 홍죽(코르딜리네)은 사용하기에 좋도록 스테이플러를 사용해 미리 둥글게 말아 고정해 둔다.
4 말아 준비해 둔 엽란과 코르딜리네를 부분적으로 모아 배치한다. 전체에 골고루 배치되면 너무 단순하게 보이므로 주의하도록 하자.
5 별도의 포장 없이 꽃다발을 완성하기 위하여 양면테이프를 엽란의 뒷면에 붙여 손잡이 부분을 깨끗하게 감싸서 마무리한다.
6 꽃다발과 엽란으로 감싼 손잡이의 길이 밸런스를 고려하여 줄기를 잘라 완성한다.

* 엽란에 스테이플러를 이용해 둥글게 말거나 형태를 고정할 경우에는 엽란의 잎맥 방향과 교차되도록 스테이플러를 고정시켜야 한다. 스테이플러의 철심 방향이 엽란의 맥과 동일한 방향으로 고정되면 엽란의 맥이 길게 찢어지면서 철심도 함께 탈착되기도 한다.
When using a stapler on aspidistra to fix the form, make sure to staple perpendicular to the veins. If you staple in the same direction as the leaf vein, it will cause the vein to rip vertically detaching the staples along with it.

Rose Bouquet
One of the most commonly seen flowers is probably the rose. Although there are many variety and colors of roses available, only a few varieties seem to be popular. Even if each color is not very pretty alone, many different colors put together in a bouquet can be quite unique and beautiful. On this type of bouquet, use cut leaves of various texture; however, all the roses should be of similar stage of the bloom.

장미를 이용한 꽃다발 만들기

우리 주변에서 가장 흔히 접할 수 있는 꽃들 중 하나는 아마도 '장미'일 것이다. 장미는 품종과 색상이 다양하지만 아직까지 일부 색상에 한정적으로 인기가 집중되어 있는 편이다. 하나하나가 예쁘지는 않더라도 다양한 색상을 모아 꽃다발을 만들면 매우 독특하고 아름다운 장미 꽃다발이 완성되는데, 여러 색상을 한꺼번에 사용하는 꽃다발을 제작할 때는 함께 사용하는 절엽 소재의 질감 역시 다소 다양하게 사용하는 것이 좋다. 하지만 다양한 질감의 그린을 사용할 경우 장미는 되도록 꽃의 개화 형태가 비슷한 것으로 선택하도록 하자.

재료
레몬잎, 옥잠화 잎, 아이비, 펠라르고늄, 장미

Materials
Salal(*Gaultheria shallon*), Hosta, Ivy, Pelargonium, Rose

이렇게 만들어요!

1 여러 색상의 장미를 모아 둥근 꽃다발을 만든다. 이때 줄기가 나선형이 되도록 배열해야 꽃송이들이 지나치게 밀집되거나 뭉쳐지는 것을 방지할 수 있다.
2 펠라르고늄을 장미의 둘레로 뭉치가 되도록 부분적으로 배치한다.
3 펠라르고늄이 들어가지 않은 부분은 레몬잎과 옥잠화 잎을 추가하여 전체적으로 둥근 형태로 균형이 맞도록 구성한다.
4 왁싱지에 구김이 많이 가지 않도록 조심해서 꽃다발을 한번 감싸고 줄기부분도 보이지 않도록 포장한다.
5 여러 겹의 마끈을 이용해 자연스러운 싱글보우가 되도록 묶는다. 노끈처럼 자연스러운 소재의 경우 보우는 화려하지 않도록 만드는 것이 좋다.
6 줄기 상태의 아이비와 가죽 패치를 포장지의 한 부분에 스테이플러로 고정하여 마무리한다.

※ 꽃상품을 제작하면서 꽃시장에서 판매하는 제품만 한정적으로 포장에 사용하는 경우가 많은데, 의류나 다른 디자인 분야에서 사용하는 작은 액세서리들을 조금 응용해 보도록 하자. 매우 재미있는 디자인을 완성할 수 있다. 최근에는 크라프트지, 가죽, 패브릭 등의 다양한 재질로 만들어진 패치들이 시판되고 있어 꽃다발이나 기타 포장에 활용하면 매우 인상적이다. Most people use only materials available from flower shops to create flower products, but you can make use of decorative accessories from clothing or other design shops in your flower packaging. Recently, all sorts of small patches made of leather, fabric, and other materials are being sold that you can utilize to make impressive flower packaging.

Orange Tulips Matched With Croton

Tulips used to be very seasonal and produced and distributed only in the spring, but recently imported tulips are available throughout the year even during seasons when they are not grown domestically. Tulips are great to use alone or with other flowers in a bouquet. They take on the synergy effect in fun if mixed with unique color or texture.

Orange tulips are great to create a variety of different images. They are commonly mixed with vivid green materials, but are rarely used with other colors. Also, many think that croton is difficult to use in a bouquet, but how about using these two together? They can create a unique look. Although croton stems stay fresh for a long time without direct water source, with wire treatment, they will last even longer. They should be uses in bouquets more often.

오렌지 튤립과 크로톤의 컬러 매치

튤립은 계절성이 매우 뚜렷하여 봄철에만 한정적으로 생산 및 유통되었던 꽃이지만 최근에는 우리나라에서 생산되지 않는 시기에도 수입을 통하여 매우 오랫동안 만날 수 있다. 다른 꽃이나 소재들과 섞어서 사용해도 좋지만 튤립 한 가지만을 이용해 꽃다발을 만들어도 좋은데, 특히 독특한 색상이나 질감의 소재를 함께 사용할 경우 더욱 재미있는 시너지 효과를 발휘하기도 한다.

오렌지 컬러의 튤립은 함께 사용하는 다른 소재에 따라 매우 다양한 이미지를 표현할 수 있다. 선명한 그린의 소재들과 배색하는 것은 흔히 볼 수 있지만 그 외의 소재들과 배색한 경우는 좀처럼 보기 어렵다. 특히 크로톤은 꽃다발에 사용하기 어렵다고 이야기하는 경우가 많은데, 이 두 소재를 함께 사용해 보는 것은 어떨까? 또 다른 독특한 멋을 느낄 수 있을 것이다. 크로톤은 줄기를 직접적으로 물에 담그지 않아도 오랫동안 수명이 유지되어 와이어 처리한 후 사용하면 다른 꽃들의 수명이 다하기까지 충분히 수명이 유지된다. 꽃다발에 좀 더 적극적으로 활용해 보도록 하자.

재료
튤립(2종류), 크로톤, 셀로움

Materials
Tulip(2 Type), Croton, Selloum(*Philodendron bipinnatifidum*)

이렇게 만들어요!

1 두 가지 색상의 튤립을 사용하여 니션형 꽃다발을 만든다.

2 셀로움과 크로톤을 둥근 튤립의 가장자리에 덧댄 후 고정한다. 줄기가 짧은 크로톤은 와이어 처리하여 사용하도록 한다.

3 꽃다발이 충분히 감싸질 크기로 왁싱지를 자른 후 자연스럽게 구김이 가도록 구긴다. 구김이 간 왁싱지는 반으로 접어 충분히 볼륨감이 표현되도록 꽃다발을 감싼다.

4 꽃다발 아랫부분이 보이지 않도록 마무리 포장지로 깔끔하게 두른 후 리본으로 장식하여 마무리한다.

* 튤립의 잎은 줄기를 감싸고 있으므로 잎을 제거할 때 아래로 잡아 당겨 줄기의 표피가 벗겨지지 않도록 해야 한다. 칼로 잎의 아랫부분에 살짝 자국을 낸 후 위로 당겨 깨끗하게 잎만 제거 되도록 해야 줄기의 손상 없이 제거할 수 있다. When removing the tulip leaves, pulling them downward can damage the epidermis of the stem since the leaves cover the stems. Make a slight cut at the lower part of the leaf, then pull upward to make a clean removal without damaging the stem.

***왁싱지로 구김 포장지 만들기**

Casual Poppy Bouquet
The poppy is famous for being the raw ingredient of opium, but not many people recognize it or see it used in bouquets. The poppy has silk-like texture and flamboyant color which makes it a very attractive flower to use on its own.

캐주얼한 양귀비 꽃다발

아편을 만드는 원료인 '양귀비'나 당나라 현종 시대의 절세미인 '양귀비'로 인하여 누구나 양귀비라는 단어를 모르는 사람은 없다. 그러나 의외로 양귀비꽃이 어떤 꽃인지는 잘 모르는 경우가 많으며, 양귀비꽃으로 만든 꽃다발을 접해본 경우도 매우 드물다. 양귀비꽃은 실크처럼 독특한 질감과 화려한 색상이 매력적인 꽃으로 다른 여러 종류의 꽃과 함께 사용하지 않고 한 가지만 사용하여도 충분히 독특한 아름다움을 느낄 수 있다.

재료 양귀비

Materials Poppy

이렇게 만들어요!

1 개화된 양귀비꽃과 봉우리 상태를 믹스하여 둥근 형태의 꽃다발을 만든다.

2 줄기를 고정한 후 리본으로 감쌀 부분이 상하지 않도록 플로랄 테이프로 꼼꼼하게 감는다. 플로랄 테이프는 리본을 감은 후 보이지 않아야 하므로 리본을 감는 면적 보다 양쪽 0.5mm정도 짧게 감는 것이 좋다.

3 플로랄 테이프를 감은 줄기에 그린 리본을 베이스로 두른다.

4 오렌지색의 가는 리본을 이용하여 베이스에 있는 그린 리본이 보이도록 사선으로 돌린 후 매듭을 지어 자른다.

※ 오렌지 컬러의 리본만 사용할 경우 자칫 배색이 지나치게 단순해 질 우려가 있다. 이럴 때, 반대색의 리본을 시각적으로 비중이 크지 않은 범위에서 사용하면 단순함을 피하면서도 지나친 대비로 인한 부조화를 막을 수 있다. 함께 사용하는 반대색은 악센트 정도로 사용하는 것이 좋다. If an orange ribbon is used, the look can be too monotonous. In this case, it's better to use a ribbon of complementary color. As long as the size of the ribbon is not too big, you can avoid simplicity as well as proportional unbalance.

Bouquet

Bouquets Made With Variety Flowers

Bouquets made if a variety of flowers are popular because they give a feeling of abundance. However, it can also appear dispersed. To achieve more organized look, the flowers should be placed in groups. When using the grouping placement method, it is most important to take care to achieve textures and color harmony.

다양한 꽃들로 만든 꽃다발

여러 종류의 꽃들을 이용한 꽃다발은 매우 풍성한 느낌을 주기 때문에 많은 사람들이 좋아한다. 그러나 하나의 꽃다발에 다양한 소재들을 사용하면서 자칫 산만해 보이거나 아름답지 못하다는 인상을 주기도 한다. 여러 종류를 한꺼번에 사용하지만 정돈된 이미지를 원한다면 꽃들을 그루핑하여 배치하는 것이 좋다. 꽃들을 모아 배치하는 그루핑의 경우 주변에 인접한 그룹과의 질감과 색상에 주의하면서 적절한 대비를 이루도록 하여 전체를 조화롭게 하는 것이 가장 중요하다.

재료
금어초, 장미, 국화, 홍화, 석죽, 유스토마(리시안서스), 무늬둥글레

Materials
Snapdragon, Rose, Chrysanthemum, Safflower, Sweet William, Lisianthus, Solomon's Seal(*Polygonatum odoratum* var. *pluriflorum* f. *variegatum*)

이렇게 만들어요!

1 여러 종류의 꽃을 이용하여 그루핑이 되도록 둥근 꽃다발을 만든다. 같은 꽃들이 형성하는 그룹의 크기는 다소 차이가 있도록 하여 밋밋하지 않도록 한다.
2 무늬둥글레 잎과 무늬옥잠화 잎을 부분적으로 덧대어 꽃다발 가장자리를 마무리한다.
3 포장지에 구김이 가지 않도록 조심하여 시접을 접어 고정한다.
4 접어서 준비된 포장지로 꽃들이 한번 감싸지도록 두른 후 다른 색상의 포장지를 줄기부분이 감싸질 수 있도록 다시 감싼다. 두 가지의 포장지는 같은 색을 사용하지 말고 한 가지를 포인트가 되는 색상을 사용하도록 한다.
5 바인딩 포인트를 바인드 와이어로 고정한 후 와이어에 자연소재인 속새와 호안을 이용하여 묶어 보우를 대신한다.

Wrinkled Packaging With Waxing Paper

This is the natural-looking bouquet. Natural packaging method may sound easy, but if you try to do it, you will find many difficulties. This is because natural looking can mean messy looking, and there is no product value in such. This is designed to look natural and at the same time maintain commercial value. Differences in the flower heights add depth, and wrinkled waxing paper is used for packaging to give a rough used look. Changing the original form or texture of a material may destroy its original qualities, but at the same time it can become a totally different looking packaging. To avoid the packaging from appearing messy or worn out, accessories such as buttons or cinnamon can be used. In this way, you can give a finished-look to the design and raise the commercial value of the bouquet.

다양한 꽃들로 만든 꽃다발

소재와 포장이 모두 자연스러운 꽃다발이다. 자연스러운 포장법은 보기에는 매우 쉬워 보이지만 막상 제작하려 하면 여러 가지 어려움에 부딪히게 된다. 지나친 자연스러움은 지저분해 보이기 쉽기 때문인데, 이 디자인은 자연스러우면서도 상업적 가치를 유지할 수 있도록 디자인 하였다. 꽃들은 약간의 깊이감을 형성할 수 있도록 높이 차를 크게 하고 포장지는 왁싱지의 질감을 구겨 다소 거칠고 오래 사용한 듯한 이미지로 변형하여 사용하였다. 소재의 형태나 질감을 변화시켜 사용하면 포장지가 가지고 있는 고유한 성질은 훼손되지만 또 다른 매력의 포장이 된다. 포장지를 구겨 자칫 지저분해 보이거나 낡아 보이는 것을 보완하기 위하여 단추나 계피와 같은 액세서리를 사용하면 상품성과 디자인을 모두 놓치지 않는 멋진 디자인이 완성된다.

재료
장미(미니, 스프레이 타입), 유스토마(리시안서스), 아스클레피아스, 맨드라미, 레몬잎

Materials
Rose(Mini, Spray Type), Lisianthus, Asclepias, Cockscomb, Salal(*Gaultheria shallon*)

이렇게 만들어요!

1 여러 종류의 꽃을 믹스하여 자연스러운 이미지의 둥근 꽃다발을 만든다. 자연스러운 꽃다발 표현을 위해 소재의 운동성과 특성을 충분히 살려 높낮이를 주며 꽃다발을 잡도록 한다.
2 꽃들과 어울리는 밝은 민트 컬러의 포장지로 꽃들이 확장되어 보이도록 감싼다.
3 왁싱 포장지는 구김을 주어 재미있는 질감 표현을 하도록 한다. 순비된 구김이 있는 왁싱 포장지를 다시 민트 컬러의 내지 밖으로 감싼다.
4 두 가지 컬러의 지끈(종이로 된 끈)을 섞어 바인딩 포인트에 묶은 후 매듭을 지어준다.
5 단추와 계피를 지끈의 중심에 고정하여 포인트를 준다.
6 포장지의 윗부분에 단추를 왁싱지와 비슷한 컬러의 바인딩 와이어로 고정하여 마무리한다. 단추는 되도록 지나치게 무겁거나 큰 것을 사용하면 포장지의 한 부분이 늘어지기도 하므로 크기와 무게를 주의해 선택한다.

Bouquet for Event Halls
The lilly is known for its beautiful form and strong presence. Lilly mixed with other flowers can diminish its presence. This design is structured to enhance the characteristic values of the lilly. Cut leaves of different tones are used with the lilly to set off the natural whiteness of the flowers and at the same time minimize its the monotonousness.

행사장에서 사용하기 좋은 꽃다발

나리 종류의 꽃들은 형태가 아름답고 매우 강한 존재감을 가지고 있다. 이러한 꽃들을 둥근 꽃다발에 다른 꽃들과 함께 믹스하여 사용할 경우 잘못 사용하면 존재감이 충분히 고려되지 못하는 경우가 많다. 이 디자인은 나리의 가치를 충분히 돋보이게 하기 위하여 나리가 돋보일 수 있는 배열로 구성하였다. 특히 흰색이 더욱 자연스럽게 표현될 수 있도록 다양한 톤의 절엽들을 함께 사용하여 흰색의 단순함을 최소화 하였다.

재료
나리(시베리아), 오리나무, 국화(대륜, 샴록), 호엽란, 유칼립투스, 고드세피아나, 엽란

Materials
Lily, Japanese Alder(*Alnus japonica*),
Chrysanthemum 'Shamrock', Lily Grass, Eucalyptus,
Gold dust dracaena(*Dracaena surculosa*), Aspidistra

이렇게 만들어요!

1 백합 중에서 개화하지 않고 직선적인 것으로 선택하여 중심에 길게 잡고, 차례로 다른 꽃들을 배열하여 긴 꽃다발을 만든다.
2 엽란은 길게 사용할 것은 그대로 덧대고 앞부분에 사용할 것은 둥글게 말아 스테이플러로 고정한 후 볼륨을 고려하여 배치한다.
3 포장지는 꽃다발에 맞는 크기로 잘라 스테이플러를 이용하여 양쪽을 고정한다. 마직 포장지의 경우 두께가 두꺼운 자연소재이기 때문에 클리어 테이프로는 고정되지 않으므로 스테이플러로 고정하는 것이 효율적이다.
4 포장지가 긴 꽃다발을 자연스럽게 감싸도록 한 후 손잡이 부분이 너무 넓어지지 않도록 하여 고정한다.
5 포장지의 질감과 어울리도록 호엽란과 오리나무로 장식하여 완성한다.

포장지 없이도 예쁜 꽃다발
Lovely Bouquets Without the Packaging

작은 양의 꽃으로 만드는 꽃다발에는 간혹 포장이 부담스럽게 보이기도 한다. 이럴 때는 포장지를 사용하기 보다는 절엽 소재로 마무리하거나 리본을 이용해 손잡이를 마무리 하는 것만으로도 충분하다. 다양한 종류의 절엽 소재는 전체의 볼륨이 커지도록 만들기도 하지만 좀 더 드라마틱한 효과를 주기도 한다.

Sometimes packaging on a small bouquet can look burdensome. In such cases, using cut leaves without the packaging or a handle made with ribbons should be enough. A variety of cut leaves are used to give dimension to the bouquet, but they can also add a dramatic effect.

재료
골풀, 숙근플록스, 엽란

Materials
Effusus, Phlox, Aspidistra

재료
장미, 안개나무, 옥잠화 잎

Materials
Rose, Smoketree(*Cotinus coggygria*), Hosta

재료
꽃창포, 파초일엽

Materials
Iris, Bird's Nest Fern(*Asplenium antiquum*)

BASKET DESIGN

Chapter 3 *contents*

작은 인형이 있는 플로랄 바스켓
Floral Basket with Small Dolls

그린 그린 바스켓
Green, Green Basket

달콤한 색상의 장미 바스켓
Sweet Rose Basket

과일이 담긴 플로랄 바스켓
Floral Basket With Fruits

귀여운 뚜껑이 있는 플로랄 바스켓
Floral Baskets With Lids

여름철에 예쁜 시원한 색상의 바스켓
Cool Summer Basket

pot-et-fleur 만들기
Making a Pot-et-fleur

귀엽고 아기자기한 미니장미 바스켓
Charming Mini Rose Basket

내추럴한 분위기의 클레마티스 바스켓
Natural Clematis Basket

꽃
바
구
니

Floral Basket with Small Dolls

If you are tired of making floral baskets with just flowers, how about adding little dolls to them? Especially in seasons when flowers are expensive, adding small items such as dolls into the basket can be a good way to cut the cost of the floral basket. It is especially recommended for small baskets. Flowers matched with small accessories always make fun and imaginative gift items.

작은 인형이 있는 플로랄 바스켓

백합 종류의 꽃들은 형태가 아름답고 매우 강한 존재감을 가지고 있다. 이러한 꽃들을 둥근 꽃다발에 다른 꽃들과 함께 믹스하여 사용할 경우 잘못 사용하면 존재감이 충분히 고려되지 못하는 경우가 많다. 이 디자인은 백합의 가치를 충분히 돋보이게 하기 위하여 백합이 돋보일 수 있는 배열로 구성하였다. 특히 흰색이 더욱 자연스럽게 표현될 수 있도록 다양한 톤의 절엽들을 함께 사용하여 흰색의 단순함을 최소화 하였다.

재료
장미(2종류), 불두화, 이베리스, 니겔라(흑종초)

Materials
Rose(2 Type), Vibernum, Candytuft(*Iberis*), Nigella

이렇게 만들어요!

1 바스켓에 플로랄 폼을 세팅한다. 세팅할 때 곰 인형을 둘 수 있는 장소를 확보하고 플로랄 폼의 물이 인형에 젖지 않도록 투명 필름처리를 하도록 한다.
2 장미를 사용하여 디자인 전체의 형태를 구성한다.
3 불두화와 이베리스를 추가한다. 불두화는 부피가 큰 편이므로 지나치게 길게 꽂지 않도록 주의한다.
4 줄기의 형태가 부드럽고 무게감이 가벼운 니겔라를 다른 꽃들에 비해 길게 사용하여 마무리한다.

* 니겔라와 같이 무게감이 가볍거나 부드러운 꽃들은 길이를 다른 꽃들에 비해 길게 사용해도 부담스럽지 않다. 오히려 디자인에 음화적 공간들을 충분히 확보해 주는 역할을 하여 작품에 깊이를 더한다. 상품을 디자인하는 과정에서 지나치게 꽃들이 답답하게 꽂혀졌다고 판단된다면 무작정 꽃들을 제거하거나 처음부터 새로 구성하기 보다는 니겔라, 아미, 벨라도나 델피니움처럼 가벼운 꽃들을 제작된 디자인의 다른 꽃들보다 길게 추가해 보자. 꽃들이 더 추가되었지만 오히려 작품은 가벼워진 느낌이 들게 된다. 이것이 디자인 내에 인위적으로 만들어진 공간(음화적 공간)의 힘이다.

Light and soft flowers such as nigella can be used in longer length than other flowers. Using them this way can add depth to the structure because they use the negative space in the design. If a design seems stuffy, instead of removing flowers or starting over, try adding nigella, ammi, belladonna, or delphinium in longer length. Even though more flowers are added, it will look lighter than before. This is the strength of using the negative space of the design.

Green, Green Basket

If you want to make a special floral basket, how about making a green basket? You will be surprised how unique and fun it can be. Gather greens of different textures and forms into groups of similar tones and you can make an interesting rhythmical design. Adding a unique ribbon or a ribbon of dark color can enhance the basket's ambience.

그린 그린 바스켓

좀 더 특별한 플로럴 바스켓을 만들어 보고 싶다면 다양한 그린들로 만들어보는 것은 어떨까? 의외로 독특하고 재미있는 바스켓이 만들어 진다. 다양한 질감과 형태를 가지고 있으면서 톤(tone)의 차이가 있는 것을 그루핑하여 사용하면 매우 흥미 있고 리드미컬한 디자인이 만들어진다. 만약 좀 더 색다른 분위기를 원한다면 독특하거나 채도가 높은 리본을 사용해도 좋다.

재료
필로덴드론 셀로움, 페퍼민트, 무늬옥잠화, 고드세피아나, 알케밀러, 펠라르고늄, 라이스플라워, 백묘국, 오리나무

Materials
Selloum(*Philodendron bipinnatifidum*), Peppermint, Hosta, Gold Dust Dracaena(*Dracaena surculosa*), Lady's Mantle(*Alchemilla*), Pelargonium, Rice Flower, Dusty Miller, Japanese Alder(*Alnus japonica*)

이렇게 만들어요!

1 바스켓에 플로럴 폼을 세팅한 후 다양한 종류의 그린을 구역으로 나누어 꽂는다. 색과 질감에 주의하며 지나치게 비슷한 질감이나 색상끼리 인접하지 않도록 주의하며 꽂아야 한다.
2 보우를 만든 후 우드픽 처리하여 바스켓에 고정한다.
3 정원과 어울리는 작은 사이즈의 액세서리를 고정하여 마무리한다.

Sweet Rose Basket
Assorted colors of roses go well with colorful baskets. However, if the color of the basket is dark, then use an assortment of various light colored roses.

달콤한 색상의 장미 바스켓

컬러풀한 바스켓을 준비했다면 바스켓에 사용될 꽃들도 다양하게 사용하는 것이 좋다. 그러나 바스켓과 꽃의 두 가지 소재 모두 채도가 높은 배색을 선택하기 보다는 채도가 높은 바스켓에 꽃들은 색상을 다양하게 하되 저채도의 꽃들로 선택하는 것이 좋다.

재료
장미(3종류), 하이페리쿰, 로즈제라니움, 숙근안개초

Materials
Rose(3 Type), Hypericum, Rose Geranium, Baby's Breath

이렇게 만들어요!

1 바스켓에 적당한 크기로 플로랄 폼을 잘라 세팅한다. 바스켓에 세팅하는 플로랄 폼이 흔들리면 운반 과정에서 형태가 변형되거나 훼손되는 경우가 많으므로 플로랄 폼이 움직이지 않도록 잘 고정하도록 한다.
2 장미를 사용하여 전체적인 형태를 구성한다.
3 하이페리쿰 열매는 장미가 부족한 부분과 장미의 아랫부분에 다소 늘어지듯 넣어 자연스럽게 형태를 보완한다.
4 로즈제라늄을 충분히 꽂은 후 숙근안개초는 하이페리쿰이 없는 곳을 중심으로 약간만 추가하여 완성한다. 숙근안개초는 너무 높게 꽂거나 많은 양을 사용하여 지저분해지지 않도록 주의한다.

Floral Basket With Fruits

A floral basket is a great gift to give to anyone, but at times, people want to give something extra. For expressing gratitude to someone special or visiting someone at the hospital, a floral basket with fruits is a good choice. When choosing fruits for the floral basket, choose colors that go well with the flowers, and make sure they are not completely ripe so that they can last for a few days. Ripe fruits are not suitable since they can soften in the packaging process or lose sweetness the next day.

과일이 담긴 플로랄 바스켓

플로랄 바스켓을 선물하면 누구에게나 좋은 선물이 되지만, 간혹 좀 더 추가적으로 선물이 필요한 경우가 있다. 감사의 인사를 전할 때, 병원으로 병문안을 가거나 어른들을 뵈러 가야할 때와 같이 꽃과 함께 추가적으로 선물을 하여 마음을 표현하고 싶은 경우에 과일과 함께 구성된 플로랄 바스켓은 정말 좋은 선물이 된다. 플로랄 바스켓에 사용되는 과일은 꽃과 어울리는 색상을 고려해야 하며, 한꺼번에 모두 먹기 어려우니 몇일 정도 시간을 두고 먹을 수 있는 정도로 다소 덜 성숙된 것이 좋다. 충분히 성숙된 과일들은 선물한 후 포장 과정에서 물러 있거나 다음날만 되어도 당도나 맛이 감퇴되므로 적당하지 않다.

이렇게 만들어요!

1 바스켓의 한 쪽 부분에만 플로랄 폼을 투명 필름 처리한 후 세팅한다. 과일을 나머지 공간에 넣을 것이기 때문에 투명 필름 처리에 특히 주의해야 한다. 과일은 물에 닿으면 쉽게 부패하거나 곰팡이가 피기도 한다.

2 플로랄 폼이 세팅되지 않은 부분에 포장된 과일을 차례로 고정하며 넣는다.

3 플로랄 폼에 장미로 강조영역을 구성하고 오니소갈룸으로 볼륨감을 높인다.

4 싱그러운 느낌이 들도록 큰펭의 비름을 길게 배치한다.

5 크로톤, 아게라툼을 넣어 전체에 깊이를 준다.

6 자연스러운 느낌이 늘노록 아이비를 길게 늘어뜨리고 보우를 고정하여 마무리한다.

* 단단한 과일은 바스켓의 바닥에 넣고, 쉽게 물러지거나 색상이 화려한 과일들은 되도록 윗부분에 올려놓아 과일이 무르지 않도록 주의해야 한다. 과일은 정성스럽게 포장하여 사용하는 것이 좋으며, 과일에 따라 포장법을 달리해야 과일이 더욱 신선해 보인다. 물론 꽃 색을 충분히 고려하여 과일의 종류를 선택해야 한다는 것도 잊지 말자. Place hard fruits at the bottom and soft and colorful ones on top, and take care not to damage them when packaging. (Its good to wrap each fruit before use.) Different types of fruits require different packaging method in order to make them look fresh.

재료 장미(줄리엣), 해바라기, 아게라툼, 오니소갈룸, 아이비, 큰꿩의 비름, 크로톤, 방울토마토, 참외, 키위, 포도, 바나나
Materials Rose 'Juliet', Sunflower(*Helianthus*), Ageratum, Ornithogalum, Ivy, Sedum, Croton

Floral Baskets With Lids

An assortment of baskets in many colors and shapes are available at the market, and some have attached lids. The design of the basket depends on how you want to use the lid. It is okay to leave the lid completely open, but partially closed lid makes more interesting design. Avoid placing flowers at the part where the lid closes so as not to waste flowers or have them damaged from the weight of the lid. Cut pieces of floral foam in an angle and insert them at the closure so that the lid falls softly on them, and hide the forms with arbor vitae. Make it appear as if there are flowers throughout.

귀여운 뚜껑이 있는 플로랄 바스켓

형태와 크기, 색상이 매우 다양한 바스켓 종류들이 시중에 유통되고 있으며, 뚜껑이 바스켓에 달려 있는 경우도 있다. 뚜껑의 사용에 따라 제작된 디자인의 형태가 달라지는데, 뚜껑을 완전히 오픈시켜 사용해도 좋지만 꽃 위에 뚜껑이 살짝 걸쳐지는 느낌으로 완성하여도 매우 재미있는 디자인이 된다. 뚜껑이 닫히는 부분 중 실질적으로 뚜껑과 닿아 있는 부분에 꽃이 꽂힐 경우 심하게 눌리거나 훼손될 뿐만 아니라 불필요한 꽃이 소비되게 된다. 플로랄 폼은 사선으로 잘라 뚜껑이 자연스럽게 위로 덮이도록 하고 닿는 부분은 측백처럼 면적인 소재로 플로랄 폼만 가려준다. 그러나 실제로 꽃이 있는 것처럼 느껴지도록 보이는 부분에는 뚜껑아래와 연결이 자연스럽도록 구성하는 것이 좋다.

재료(Type 1) / 재료(Type 2)
라넌큘러스, 백일홍, 돈나무의 꽃, 공조팝나무, 서양측백나무 / 백일홍, 서양측백나무, 아스클레피아스

Materials(Type 1) / Materials(Type 2)
Ranunculus, Zinnia, Pittosporum, Bridal Wreath(*Spiraea cantoniensis*), Arborvitae / Zinnia, Arborvitae, Asclepias

이렇게 만들어요!

1 바스켓에 뚜껑이 적당히 덮일 수 있는 경사가 생기도록 플로랄 폼을 잘라낸 후 세팅한다. 바스켓의 뚜껑과 실질적으로 맞닿게 되는 플로랄 폼 윗부분은 면적인 서양측백나무를 꽂아 가려지도록 한다.
2 라넌큘러스로 강조되는 영역을 만든다.
3 미니 백일홍으로 라넌큘러스가 없는 부분을 중심으로 채워간다.
4 돈나무의 꽃, 공조팝나무로 빈 공간을 모두 채운다. 특히 뚜껑이 덮이는 부분의 연결이 자연스럽도록 주의하며 마무리한다.

* 작은 사이즈의 바스켓을 꽃으로 장식할 경우 바스켓의 형태나 색상, 질감이 매우 독특하고 아름답다면 꽃을 지나치게 많이 사용해 바스켓이 모두 가려지지 않도록 주의해야 한다. 디자인을 만드는 사람은 사용된 재료들이 충분히 돋보일 수 있도록 늘 주의해야 하는데, 아름다운 바스켓을 사용하고도 꽃들을 지나치게 많이 사용해서 바스켓이 잘 보이지 않을 정도로 가려버리는 경우를 간혹 보게 된다. 항상 과하면 모자란 것만 못하다는 것을 잊지 말자. When decorating a small basket that has a nice color, form, or texture, be careful not to hide it with too much flowers. The designer should always make best use of all the materials. Remember that too much can be worse than too little.

Basket Design 73

Cool Summer Basket

Cool blue tones are popular in the summer. This is because cool images make people feel cooler in the hot weather. Hence, in the summer, blue or green baskets are seasonally appropriate to use. Likewise, flowers such as scabiosa, dahlia, lady's mantle have light and soft feelings suitable for summer the season.

여름철에 예쁜 시원한 색상의 바스켓

여름이 되면 다른 색상에 비해 유독 블루 톤의 색상들이 더 예쁘게 보인다. 시원한 것을 그리워하는 마음속의 소리 때문인데, 여름철에 사용할 플로랄 바스켓이라면 무겁거나 어두운 색상들 보다 블루나 그린을 함께 사용하여 좀 더 신선하고 시원해 보이도록 구성하는 것이 좋다. 색상은 계절에 영향을 많이 받기 때문에 겨울이 다가오면 포근한 질감이나 어두운 색상이 아름답게 보이고 그에 비해 여름이 되면 오히려 어두운 색상들은 답답하고 무겁다고 느끼기 마련이다. 꽃들의 무게감 역시 너무 무거워 보이는 것보다는 스카비오사, 달리아, 알케밀러처럼 가볍고 부드러운 것들이 더운 계절에 잘 어울린다는 것을 잊지 말도록 하자.

재료
달리아, 알케밀러, 장미(3종류), 백일홍, 스카비오사

Materials
Dahlia, Lady's Mantle, Rose(3 Type), Zinnia, Scabiosa

이렇게 만들어요!

1 바스켓에 플로랄 폼을 세팅한 후 달리아로 강조영역을 구성한다.
2 달리아의 색상을 고려하여 장미를 배치한다.
달리아와 장미는 전체 형태를 형성하므로 서로 겹치거나 크게 빈 공간이 생기지 않도록 주의한다.
3 백일홍을 꽂고 스카비오사를 길게 넣어 더욱 깊이가 풍부하도록 만든다.
4 알케밀러를 이용해 빈 공간을 채우고 리본을 바스켓에 달아 마무리 한다. 알케밀러는 무게감이 가벼운 소재이므로 단순히 플로랄 폼을 가리는 목적으로 짧게 사용하지 말고 약간 긴 것과 짧은 것을 함께 사용하는 것이 좋다.

Making a Pot-et-fleur

Pot-et-fleur is French meaning "pot and flower". It is named such because potted flowers with roots and cut flowers without roots are used together in a flower arrangement. They are great as gifts because even when the cut flowers are withered, the potted flowers are still fresh. If the cut flowers are planted on waterproofed floral foams and arranged along the potted flowers, by replacing just the withered cut flowers, fresh looking arrangement can be maintained. Damaged floral foams can also be replaced easily.

pot-et-fleur 만들기

pot-et-fleur는 본래 프랑스어에서 유래된 말로 화분(pot) + 그리고(et) + 꽃(fleur)의 합성어이다. 뿌리가 있는 화분과 뿌리가 잘라진 상태로 유통되는 절화를 함께 사용하기 때문에 붙여진 이름으로 플로랄 어렌지먼트(flower arrangement) 스타일 중 하나로 볼 수 있다. 특히 선물용으로 매우 좋은데, 절화의 수명이 다하여도 화분이 신선하게 살아 있어 매우 오랫동안 감상할 수 있다. 플로랄 폼을 별도로 방수 처리하여 화분과 배치하면 플로랄 폼의 꽃만 바꾸거나 플로랄 폼이 손상된 경우에도 얼마든지 보충이나 교체가 가능하다는 장점이 있다.

재료 미니장미(Pot), 초설마삭줄(Pot), 아이비(Pot), 이끼, 카네이션(스프레이 타입), 장미(비탈), 벨라도나 델피니움, 나리(아시안틱), 금어초, 대나무 스틱

Materials Rose(Pot), Asiatic Jasmine(*Trachelospermum asiaticum*/Pot), Ivy(Pot), Moss, Carnation(Spray), Rose, Belladonna Delphinium, Lily, Snapdragon, Bamboo Stic

이렇게 만들어요!

1 바스켓의 내부에 방수용 투명 필름을 스테이플러로 고정한다.
2 방수처리 된 바스켓에 별도로 투명 필름을 감싼 플로랄 폼과 작은 화분을 배치한다.
3 플로랄 폼에 금어초로 전체의 높이를 감안한 골격을 구성한다.
4 장미와 나리처럼 크기가 다소 큰 꽃들을 배치한다.
5 벨라도나 델피니움과 스프레이 타입의 카네이션을 꽂아 색의 강약을 조절한다.
남아 있는 빈 공간은 이끼로 메꾸고 대나무 스틱을 세운 후 아이비를 고정한다.

* 플로랄 폼은 방수처리를 위하여 반드시 별도로 포장하여 용기에 배치하여야 한다. 화분과 플로랄 폼이 경계를 가지고 있지 않을 경우 화분(pot)에 물을 주고 난 후 아래로 흘러내린 불순물 섞인 물들이 다시 플로랄 폼으로 흡수되므로 주의하도록 해야 한다. To waterproof the floral foam, wrap it individually before placing in the container. If it is not separated from the pot, it can soak up the dirty water flowing out of the pot.

Charming Mini Rose Basket

When choosing flowers for a floral basket, instead of using many different variety, try using just one or two kinds to enhance their personality. Pink mini-roses have cute and romantic image perfect for a charming little basket. When using just one kind of flowers, give difference in height to avoid the design from appearing stuffy.

귀엽고 아기자기한 미니장미 바스켓

플로랄 바스켓을 위한 소재를 선택할 때 여러 가지 소재를 섞어서 사용하는 경우가 많지만 소재에 따라서는 한 두 종류의 소재만으로 제작하는 것이 오히려 소재의 특성이 돋보이기도 한다. 핑크 컬러 미니장미의 경우 매우 귀여우면서 로맨틱한 이미지를 가지고 있기 때문에 작은 사이즈의 바스켓에 소담하게 꽂기만 하여도 작은 미니장미들이 매력적으로 보인다. 한 가지 소재를 중심으로 디자인을 제작할 때는 소재의 높낮이가 충분하도록 꽃들을 배치해야 답답하게 보이는 것을 막을 수 있다.

재료 미니장미, 니겔라(흑종초)

Materials Rose(Mini spray Type), Nigella

이렇게 만들어요!

1 바스켓에 플로랄 폼을 세팅한 후 스프레이 타입의 장미를 높낮이가 충분하도록 꽂는다. 전체의 형태는 둥글게 유지하고 장미의 크기 차이를 많이 두어야 답답해 보이지 않는다.

2 니겔라를 장미보다 길게 꽂아 부드러운 이미지가 되도록 한다.

3 보우를 바스켓 아래에 달아 마무리 한다.

Natural Clematis Basket

For a natural looking floral basket, choose a basket and flowers with natural image. All the materials should have a unified image and this includes ribbons. Set floral foams inside a wire-netted basket, decorate with natural looking flowers such as the clematis or the asclepias, then choose the ribbon carefully. In this case, make a long strip out of waxing paper, wrinkle it with your hand, add checkered bow with a vintage look, and you will be able to achieve a nice harmonious design.

내추럴한 분위기의 클레마티스 바스켓

자연스러운 느낌의 플로랄 바스켓을 만들 때에는 사용되는 꽃들이나 바스켓의 이미지도 자연스러운 것을 선택하는 것이 좋다. 사용되는 전체 소재의 이미지가 통일성을 가지고 있어야 어색하지 않게 되는데, 리본의 경우도 마찬가지이다. 철망으로 된 바스켓에 플로랄 폼을 세팅한 후 클레마티스나 아스클레피아스처럼 자연스러운 꽃들로 장식하여 전체의 이미지가 통일성을 가지고 있지만, 조화를 이루는 리본의 선택에 고민스러울 수 있다. 이럴 때 오히려 플로랄 폼을 가리기 위해 사용되었던 왁싱지를 리본처럼 길게 자른 후 손으로 구겨 구김을 주고 그 위에 빈티지한 체크무늬 리본을 약간만 덧대면 아주 쉽게 조화를 이룰 수 있다.

재료
장미, 클레마티스, 아스클레피아스, 공조팝나무

Materials
Rose, Clematis, Asclepias, Bridal Wreath(*Spiraea cantoniensis*)

이렇게 만들어요!

1 철재 바스켓에 플로랄 폼을 왁싱지와 투명 필름에 감싸 넣는다.
2 장미를 이용해 강조가 되는 영역을 만든다.
3 공조팝나무와 아스클레피아스를 장미가 없는 부분에 꽂아 장미와 대비를 이룰 수 있도록 색상을 구성한다.
4 클레마티스가 손상되지 않도록 다른 소재들 위에 살짝 걸치듯 꽂아준다.
5 왁싱지에 구김이 가도록 한 후 리본 형태로 말아둔다.
6 왁싱지 위에 약간 어두운 색상의 체크 리본을 덧댄 후 철사로 고정하여 보우를 완성한다.
7 미리 완성한 보우를 바스켓에 고정하여 마무리한다.

VASE DESIGN

Chapter 4 *contents*

유리용기 활용하기
Designing Glass Container

베이스 디자인에 속새로 질감 만들기
Creating Texture for Vase Design

컬러 유리용기 활용
Using Colored Glass Container

기본 형태의 베이스 디자인
Basic Form of Vase Design

투명한 유리용기에 컬러 표현하기
Expressing Colour in Transparent Glass Container

꽃다발로 유리용기 디자인하기
Designing Glass Container With a Bouquet

베이스 디자인

유리용기 활용하기

재료
유스토마(리시안서스), 안개나무, 절굿대(에키높스), 엽란, 담쟁이덩굴

Materials
Lisianthus(*Eustoma*), Smoketree, Echinops, Aspidistra, Boston Ivy

재질이 유리로 된 용기들은 형태와 크기가 매우 다양하여 디자이너는 원하는 디자인에 따라 매우 다양한 선택권을 가지게 된다. 여름철에 사용되는 디자인의 경우 청량감을 주는 유리용기는 매우 활용도가 높은 편이다. 유리용기의 특성에 따라 플로랄 폼을 세팅한 후 사용해도 좋지만 물만 채운 상태에서 직접적으로 꽃을 꽂아도 좋다. 이 디자인은 작은 핀 홀더를 유리용기의 한쪽부분에 고정한 후 엽란으로 감싼 플로랄 폼을 세팅하여 만들어 졌다. 낮은 용기의 경우 꽃을 직접적으로 용기에 꽂기 어려운 경우가 많으므로 플로랄 폼을 사용해도 매우 바람직하다. 그러나 플로랄 폼을 용기 전체에 채운 후 사용하기 보다는 필요한 분량만큼 사용하는 것이 좋다.

Designing Glass Container

Glass containers come in many colors and shapes. Hence, you will have many choices when designing with glass containers. They are especially well suited for the summer season for they their clearness gives a cool feeling. Depending on the glass container, you can use floral foams or better yet just fill it with water and arrange flowers in it. In this design, a small pin holder is fixed at one side of the container and a floral foam wrapped with an aspidistra is set. Floral foams are essential for low containers where it is difficult to hold flowers in place, but use them only partially instead of filling the whole container with them.

Creating Texture for Vase Design

Glass containers are popular because their transparency gives them a clean and clear image. They can be used alone or with floral foams. When floral foams are used, make sure to camouflage them with materials such as an aspidistra. Another useful material for this purpose is the equsetum for they have repetitive joints that make interesting and fun textured pattern. They are waterproof, so you can cover the inside of the container with them and fill with water for a clean transparent look.

베이스 디자인에 속새로 질감 만들기

유리 용기를 이용한 디자인들은 투명하고 깨끗한 이미지로 인하여 많은 사랑을 받고 있다. 유리 용기는 투명한 상태로 사용해도 좋지만 내부에 플로랄 폼을 세팅해도 손쉽게 디자인할 수 있다. 그러나 꽃을 고정하기 위해 기능적으로 사용한 플로랄 폼은 잘 가리는 것이 좋으며, 가리는 용도로는 엽란 등의 여러 소재를 이용할 수 있다. 속새의 경우에도 마디가 반복적으로 있어 질감이 매우 독특한 소재이므로 플로랄 폼을 가리는 용도로 사용하면 매우 재미있는 패턴과 질감이 표현된다. 물에 잠겨 있는 상태로도 잘 부패하지 않아 용기 둘레에 사용하고 용기에 물을 채워두면 더욱 깨끗하게 보인다.

재료 카네이션(3종류), 공조팝나무, 초설마삭줄, 오리나무, 속새

Materials Carnation(3 Type), Bridal Wreath(*Spiraea cantoniensis*), Asiatic Jasmine (*Trachelospermum asiaticum*), Japanese Alder(*Alnus japonica*), Equisetum

이렇게 만들어요!

1 플로랄 폼을 유리 용기에 비해 약 2cm 정도 작게 자른 후 세팅하고 플로랄 폼과 유리용기 사이에 속새를 끼운다.
2 여러 색상의 카네이션을 높낮이가 다르게 깊이감을 주며 그룹이 되도록 구성한다.
3 공조팝나무와 오리나무를 카네이션 사이에 질감이 거칠지 않도록 높낮이를 주며 꽂아준다.
4 초설마삭줄은 식물이 자란 줄기의 방향을 고려하여 꽂고 보우를 고정하여 마무리한다.

Using Colored Glass Container
When using a dark colored glass container, the flowers should also have strong vivid colors. If light colored flowers are used, eyes will focus on the container rather than the flowers. However, when mixing strong colors, unity is the most important factor to be considered.

컬러 유리용기 활용

유리용기의 컬러가 매우 강렬한 색감을 가지고 있을 때는 꽃들의 색상 구성에 대해서도 강렬한 배색을 생각해 보는 것이 좋다. 용기가 이미 강한 이미지를 주고 시각적으로 압도적으로 보이는 상태에서 꽃들의 색을 흐리게 사용하면 간혹 용기로만 시선을 빼앗겨 꽃은 빛을 잃게 되는 경우가 있다. 그러나 강한 색상들의 조합일수록 서로 통일성 있게 사용해야 한다는 것을 잊지 말도록 하자.

재료 반다 모카라, 오니소갈룸, 불두화, 솔리다스터, 무늬옥잠화 잎

Materials Vanda Mocara, Ornithogalum, Vibernum, Solidaster, Hosta

이렇게 만들어요!

1 유리용기와 같은 높이가 되도록 플로랄 폼을 세팅한다.
2 불두화로 앞뒤 무게감이 비슷하도록 왼쪽 앞부분과 오른쪽 뒷부분으로 그룹지어 꽂는다.
3 오니소갈룸으로 불두화가 없는 빈 공간에 높낮이를 주며 꽂아준다.
4 컬러 대비가 강한 반다 모카라를 균형이 맞도록 꽂아주고, 무늬옥잠화 잎을 꽂고 솔리다스터로 마무리한다.

Basic Form of Vase Design

Vase design where the water inside is clearly visible is a popular item regardless of season due to its clean and natural look. In a vase design, in contrast to designs using floral forms, the trachea of the stem has direct contact with water, prolonging the life of the flower and giving easy maintenance. However, if the stems are placed in a spiral fashion, empty spaces form; therefore, stems should be placed in a crisscross manner so that they can support and fix each other in place.

기본 형태의 베이스 디자인

내부에 담긴 물이 투명하게 비치는 베이스 디자인은 매우 깨끗하고 자연스러워 계절과 상관없이 사랑받는 아이템이다. 플로랄 폼을 이용한 다른 디자인들에 비해 줄기의 도관이 직접적으로 물에 닿게 되므로 수명이 길고 관리가 용이하다. 그러나 줄기가 스파이럴로 배치되면 중심 부분에 공간이 생기게 되는데, 베이스 디자인을 제작할 때는 줄기가 서로 크로스 되도록 하여 서로 지지하여 고정되도록 하는 것이 중요하다.

재료 칼라, 거베라(미니), 유스토마(리시안서스), 라일락, 필로덴드론 셀로움, 유칼립투스, 무늬둥굴레, 레몬잎, 니겔라

Materials Calla Lily, Gebera(Mini), Lisianthus(*Eustoma*), Lilac, Selloum(*Philodendron bipinnatifidum*), Eucalyptus, Solomon's Seal(*Polygonatum odoratum* var. *pluriflorum* f. *variegatum*), salal(*Gaultheria shallon*), Nigella

이렇게 만들어요!

1 유리용기에 물을 채운 후 레몬잎을 이용해 레이싱할 수 있도록 구조를 만든다.
2 셀로움과 무늬둥굴레 등의 그린과 라일락을 추가하여 볼륨이 커지도록 한다.
3 거베라와 카네이션. 유스토마가 잘 어울리도록 배치한다.
4 부분적으로 유칼립투스와 니겔라를 꽂아 배색이 조화를 이루도록 하고 디자인이 완성되면 물이 충분한지 확인하도록 한다.

1

2

3

4

Expressing Colour in Transparent Glass Container

Since glass containers are transparent, it is important to camouflage the floral foam with suitable materials. The texture and color of camouflaging materials have a big effect on the design. If you want to express color on the glass container but can not find one you like, you can add color to the water or use colored materials inside the container. This is a simple and inexpensive way to give color to the container.

투명한 유리용기에 컬러 표현하기

유리용기는 내부가 투명하게 비치기 때문에 플로랄 폼 사용 시에는 플로랄 폼 커버링을 위한 소재의 선택이 매우 중요하다. 내부에 사용되는 소재의 질감과 더불어 컬러의 사용에 따라 전혀 다른 이미지를 만들어 낼 수 있다. 사용되는 꽃들로 인하여 특정한 색상의 유리용기가 필요하지만 구하기 어렵다면 오히려 유리 용기 내부에 원하는 색상의 물을 넣거나 소재를 첨가하는 것도 매우 좋은 방법이 된다. 이러한 방법들은 간단하지만 매우 효율적이며, 비용을 줄일 수 있다.

재료
장미(스프레이타입 2종류), 스토크, 칼라, 무늬둥굴레, 메리골드, 코르딜리네(홍죽)

Materials
Rose(2 Spray Type), Stock, Calla Lily, Solomon's Seal (*Polygonatum odoratum var. pluriflorum f. variegatum*), Marigold, Cordyline

이렇게 만들어요!

1 플로랄 폼을 용기의 지름보다 약 1cm내외 작게 자른 후 코르딜리네로 감싸 U핀으로 고정한다.
2 코르딜리네가 고정된 플로랄 폼을 유리용기에 세팅한다.
3 장미를 사용하여 전체적인 형태를 구성한다.
4 메리골드를 꽂아 깊이감과 형태감을 보완한다.
5 진한 컬러의 스토크를 부분적으로 꽂아 색의 깊이와 원근감을 만들어 낸다.
6 둥굴레 잎을 꽂아 마무리하고 용기에 물을 충분히 채운다.

꽃다발로 유리용기 디자인하기
Designing Glass Container With a Bouquet

유리용기를 활용하는 디자인의 경우 플로랄 폼을 세팅한 후 디자인하거나 줄기가 서로 교차되도록 레이싱하는 방법 외에도 적당한 크기의 꽃다발을 제작한 후 유리용기에 꽂을 수 있다. 그러나 이 테크닉의 경우 다른 방법에 비해 꽃이 좀 더 많이 필요하며, 꽃다발 제작이 익숙하지 못한 경우 지나치게 꽃들이 복잡해 보이기도 한다. 그러나 단단히 고정된 상태로 유리용기를 장식하므로 운반 과정에서의 형태 변화는 매우 적은 편이다.

As a way of fixing the flowers in place in a glass container, you can use floral foams, place stems in a crisscross fashion, or make a bouquet and place it inside the container. In the last case, compared to the other methods, require more flowers. Thus, if not careful, the design may end up looking cramped. However, it is great for transporting since the bouquet is tightly held in place.

재료
장미, 안개나무, 램스이어, 국화

Materials
Rose, Smoketree, Lamb's Ear, Chrysanthemum

BRIDAL BOUQUET
BOUTONNIÈRE
GARLAND

Chapter 5 *contents*

줄리엣 로즈로 만든 신부부케
Bridal Bouquet With Rose 'Juliet'

스위트 피로 만드는 귀엽고 달콤한 부케
Charming Bouquet of Sweet Peas

내추럴하고 빈티지하게
Looking Natural and Vintage

칼라 내추럴 스템 부케
Natural Stem Bouquet Using Calla Lily

베들레헴의 별로 만든 부케
Bouquet of Star of Bethlehem

심플한 튤립 부케
Simple Tulip Bouquet

동글동글한 미니장미 부케
Round Mini Rose Bouquet

폼 홀더 부케
Foam Holder Bouquet

코사지와 부토니어
Corsages and Boutonnières

화관
Bridal Garland

신부부케 부토니어 화관

Bridal Bouquet With Rose 'Juliet'
A bouquet made with a bundle of roses that look just picked from the back garden has the image of a romantic bridal bouquet. Sedum wrapped around the roses are perfect to complete this type of bouquet, but avoid flamboyant ribbons to go with it.

줄리엣 로즈로 만든 신부부케

집 앞의 작고 아기자기한 정원에서 지금 막 꺾었을 법한 장미 한 묶음으로 만든 부케는 로맨틱한 결혼식을 상상하기에 충분하다. 거기에 장미 둘레에 큰꿩의비름을 약간 둘러주면 더욱 싱그러우면서도 부드러운 신부를 위한 부케가 완성된다. 이렇게 멋진 장미로 만들 때는 지나치게 요란한 형태나 화려한 색상의 리본은 피하도록 하자.

재료
장미, 큰꿩의비름(세덤), 레몬잎

Materials
Rose, Sedum, Salal(*Gaultheria shallon*)

이렇게 만들어요!

1 적절하게 핀 장미를 이용해 둥근 꽃다발을 만든다.
2 장미 꽃다발의 둘레로 큰꿩의비름과 레몬잎을 덧대어 둥근 형태를 보완한다.
3 줄기의 손잡이 부분에 먼저 플로랄 테이프를 감은 후 리본으로 감는다.
4 손잡이를 감은 리본과 같은 리본을 이용해 웨이브 보우를 만든 후 진주 핀으로 중심을 고정하고 마무리한다.

Bridal Bouquet, Boutonnière, Garland

Charming Bouquet of Sweet Peas

Sweet peas are clear and delicate as if made of sugar. However, it is difficult to gather them in a bouquet since they grow and move freely in all directions. Layer the flowers in a circular manner. Make a full bow with clear organdy ribbon and use it to fill up the bouquet and also hold it together.

스위트 피로 만드는 귀엽고 달콤한 부케

스위트 피는 마치 설탕으로 만든 것처럼 투명하고 섬세하다. 하지만 꽃들이 제 멋대로 움직이며 자라므로 둥근 형태를 만들기란 그다지 쉽지 않다. 꽃들을 서로 얹어가며 만들 듯 둥근 형태를 채워가고 부족한 부분은 투명한 오간디 리본을 풍성하게 접어 보우를 만든 후 고정해보자. 꽃들로만 만드는 신부부케와는 또 다른 매력이 돋보인다.

재료 스위트피(2종류)

Materials Sweet Pea(2 Type)

이렇게 만들어요!

1 여러 색상의 스위트 피 꽃들의 방향과 줄기가 자연스럽게 표현되도록 주의하며 나선형 꽃다발을 만든다. 꽃다발이 완성되면 줄기 손잡이 부분을 플로랄 테이프로 단단하게 감는다.

2 플로랄 테이프를 감아둔 줄기 손잡이 부분에 리본을 감은 후 코사지 핀으로 고정한다.

3 프렌치보우를 풍성하게 만들어 꽃들 사이에 고정한 후 잘 펼쳐주고 마무리한다.

Looking Natural and Vintage

In a natural design, it is convenient to use a variety of green materials. Light green mint or vintage looking zinnias are especially suitable for this type of designs. When using natural such materials, the negative space in the design must be considered. Be careful not to make all the materials the same height because this will close up all the negative space around the boundary line and make the design appear stuffy.

내추럴하고 빈티지하게

내추럴한 디자인의 경우 그린 소재를 다양하게 사용하는 것이 좀 더 편안해 보인다. 특히 민트류와 같은 밝은 그린이나 빈티지한 백일홍의 그린도 매우 잘 어울린다. 그러나 색상과 소재를 내추럴하게 선택했다면 외곽선의 음화적 공간도 배려하는 것이 좋다. 꽃들이나 그린의 높이를 지나치게 똑같이 구성하여 외곽선을 완전히 닫아버리면 아무리 내추럴한 소재를 선택한다 하더라도 답답해 보이기 때문에 원하는 이미지를 얻을 수 없게 된다.

재료
알케밀러, 페퍼민트, 라넌큘러스, 카네이션, 장미, 백일홍, 장미(미니 스프레이 타입), 라이스플라워, 무늬옥잠화 잎

Materials
Lady's Mantle(Alchemilla), Peppermint, Ranunculus, Carnation, Rose, Zinnia, Rose(Mini Spray Type), Riceflower, Hosta

이렇게 만들어요!

1 준비된 여러 종류의 소재들을 자연스럽게 섞어 다발로 만든다. 페퍼민트는 물에 닿지 않으면 쉽게 시들게 되므로 줄기가 최대한 긴 것을 사용하도록 한다.
2 다양한 그린들을 덧댄 후 무늬옥잠화 잎으로 가장자리 형태를 보완한다.
3 플로랄 테이프로 리본을 감게 될 손잡이 부분을 단단하게 감는다.
4 플로랄 테이프로 감아둔 곳에 오건디로 다시 감아 플로랄 테이프가 보이지 않도록 하고 토숀레이스를 추가적으로 감는다.
5 오건디와 토숀레이스를 겹쳐 보우를 만든 후 예쁘게 고정한다.

Bridal Bouquet, Boutonnière, Garland

Natural Stem Bouquet Using Calla Lily

Women dream of receiving a calla lilly bouquet. Since the stem of the calla lilly is as graceful and beautiful as the flower itself, it is important to decorated the stem as well as the flower. Ribbons are often used to decorate the stem, but pearls and other beads are also suitable.

칼라 내추럴 스템 부케

여성이라면 누구나 한번쯤 꿈꾸는 부케가 바로 칼라로 만든 부케이다. 꽃만큼이나 줄기가 아름답고 우아하기 때문에 꽃과 더불어 줄기를 잘 장식해 주는 것도 중요하다. 줄기는 리본으로 장식하고 진주 장식을 해도 좋지만 다른 비즈나 혹은 그린 장식을 해도 멋지다.

재료 칼라

Materials Calla Lily

이렇게 만들어요!

1 줄기가 예쁜 칼라를 사용하여 줄기가 평행이 되도록 순차적으로 잡는다. 꽃의 끝부분은 가장자리로 가도록 한다.
2 손잡이는 플로랄 테이프로 꼼꼼하게 고정한 후 리본으로 줄기를 감싼다.
3 순차적으로 감긴 리본을 따라 동일한 간격으로 진주 핀을 꽂아 마무리한다.

* 진주핀을 리본에 고정할 때, 줄기와 핀이 직각을 이루도록 꽂게 되면 쉽게 빠질 위험이 있다. 또한 줄기가 아주 두껍지 않을 경우 관통하여 손을 다치기도 한다. 이러한 위험을 줄이기 위하여 반드시 방향을 사선으로 꽂아야 핀이 빠지거나 관통되지 않는다.

Bouquet of Star of Bethlehem
This bouquet is made with the "Southern African" variety of ornithogalum. Compared to the common white variety, the orange color of this flower seems more beautiful. It is called "Star of Bethlehem" due to the star shape of the small flower. Their clean and smooth stems make them perfect for a bouquet if you simply tie them and decorate the handle.

베들레헴의 별로 만든 부케

오니소갈룸 중에서 'Southern Africa'란 품종으로 만들어진 부케이다. 선명한 오렌지 컬러가 아름다운데 흔히 볼 수 있는 흰색과는 달라 더 아름답게 느껴진다. '베들레헴의 별'이라 불리기도 하는데 작은 꽃의 형태가 별의 모양을 이루고 있기 때문이다. 줄기도 깨끗하고 매끈거리는 질감을 가지고 있어 단단하게 묶은 후 간단한 손잡이 장식만으로도 멋진 부케가 완성된다.

재료
오니소갈룸

Materials
Star of Bethlehem(*Ornithogalum dubium* 'Southern Africa')

이렇게 만들어요!

1 둥근 형태가 잘 만들어질 수 있도록 오니소갈룸 꽃을 순차적으로 잡는다.
2 손잡이 부분을 플로랄 테이프로 단단하게 감아 고정한다.
3 플로랄 테이프가 보이지 않도록 망사 리본을 여러 번 반복하여 감는다.
4 리본이 과하지 않도록 보우는 사용하지 않고 핀으로만 깔끔하게 고정하여 마무리한다.

Simple Tulip Bouquet
The tulip has its value in its versatility. Their beautiful stems are great for a bridal bouquet, but they are also useful in bouquets for events or other occasions. You can create a fabulous design by simply tieing a bundle of tulips with a fancy ribbon.

심플한 튤립 부케

튤립은 어떤 용도로 사용해도 그 가치를 충분히 발휘하는 꽃이다. 줄기가 아름다워 신부가 드는 부케로 사용해도 좋지만 이벤트용 꽃다발이나 다른 디자인 어디에 사용해도 손색이 없다. 그저 한 다발 묶은 후 멋스러운 리본으로 고정하는 것만으로도 매력적인 디자인이 완성된다.

재료 튤립(2종류)

Materials Tulip(2Type)

이렇게 만들어요!

1 오렌지색 튤립을 중심으로 하여 나선형 꽃다발을 만든다.
2 바인딩 포인트를 고정한 후 리본으로 감아 가리고 보우를 만든다.
3 꽃다발과 보우의 형태를 정리한 후 스트리머를 사선으로 잘라 마무리 한다.

Round Mini Rose Bouquet
A bouquet made with a bunch of small roses makes a young bride stand out. However, since roses are considered rather plain due to their common use, one way to make it into a charming and cute design is to make a knot at the handle for an interest point.

동글동글한 미니장미 부케

아주 작고 귀여운 장미들이 모여 만들어진 다발은 나이 어린 신부를 더욱 돋보이게 하곤 한다. 그러나 장미는 많이 볼 수 있는 소재이기 때문에 간혹 밋밋하게 생각할 수 있는데, 손잡이의 매듭으로 포인트를 주면 귀엽고 재미있는 디자인을 만들 수 있다.

재료 장미(미니, 스프레이)

Materials Rose(Mini Spray Type)

이렇게 만들어요!

1 미니장미를 사용하여 나선형 라운드 부케를 만든 후 플로럴 테이프로 줄기를 고정한다.
2 플로럴 테이프가 끝나는 지점에서 두 번 리본을 매듭지은 후 한 번 감아 반대편에서 다시 매듭을 만든다.
3 리본을 감을 때 앞과 뒤를 반복적으로 크로스 되도록 하여 매듭 만드는 것을 반복한다.

Foam Holder Bouquet

Foam holder bouquets can be made quicker compared to other types of bouquets, and they have the advantage of easy water maintenance. However, the foam holder can get heavy from soaking up lots of water, so be careful not to make it too big or use too many flowers. Holder handles come in straight or curved style, so you must consider the shape of the handle in your design.

폼 홀더 부케

폼 홀더를 사용한 부케는 다른 테크닉에 비해 빠른 시간에 제작할 수 있으며, 물관리가 매우 쉽다는 장점을 가지고 있다. 그러나 폼 홀더에 물을 충분히 흡수시켜야 하므로 다소 무겁다는 단점이 있어 지나치게 커지거나 꽃을 과하게 사용하지 않도록 주의해야 한다. 홀더는 핸들이 직선으로 곧은 것과 굽어진 것이 있으며, 형태도 차이가 있으므로 디자인이나 전체의 형태에 따라 선택해 사용할 수 있다.

재료 장미, 하이페리쿰, 유스토마(리시안서스), 카네이션(2종류), 펠라르고늄, 부케홀더, 홀더커버

Materials Rose, Hypericum, Lisianthus, Carnation(2 Type), Pelargonium, Foam Holder, Holder Cover

이렇게 만들어요!

1 폼 홀더가 물을 충분히 흡수하도록 한 후 장미나 카네이션 등의 매스 형태의 꽃들을 사용하여 전체적인 형태를 구성한다.

2 부족한 형태를 보완하고 플로랄 폼이 충분히 가려질 수 있도록 펠라르고늄을 꽂는다. 가장자리의 소재들은 손등부분이 자연스럽게 덮힐 수 있도록 꽂아 마무리한다.

3 홀더의 플라스틱이 가려질 수 있도록 커버를 씌우고 흘러내리지 않도록 단단히 묶어 마무리한다.

Bridal Bouquet, Boutonnière, Garland 115

코사지와 부토니어

Corsages and Boutonnières

본래 여성의 상반신을 장식하던 것을 코사지라 하였지만, 지금은 신체의 여러 부분을 장식하는 개인적인 꽃(personal flower)을 의미한다. 부토니어는 남성의 옷깃을 장식하는 용도로 사용되는데, 현재 상업적으로 만날 수 있는 것은 그 다양성이 매우 낮은 편이다. 무엇보다도 코사지나 부토니어는 신부가 들게 될 부케와 조화를 이루어야 하며, 반드시 같은 꽃이 아니더라도 비슷한 색상이나 연관성 있는 형태를 선택하는 것이 좋다.

Originally, corsages were made to decorate the upper part of the lady's body, but now they are applied to all parts of the body and mean a "personal flower". A bouttoniere is for decorating men's wear, but presently commercially available ones are very limited in selection. For a wedding, corsages and boutonnieres should be in harmony with the bridal bouquet. Even if the flowers are different from the bridal bouquet, they should have unity in color and shape.

1 다육식물, 유칼립투스, 하이페리쿰 Succulent plant, Eucalyptus, Hyperycum
2 수국, 로즈제라늄 Hydrangea, Rose Geranium
3 장미, 유칼립투스, 공조팝나무 Rose, Eucalyptus, Bridal Wreath(*Spiraea cantoniensis*)
4 라넌큘러스, 로즈제라늄, 큰꿩의 비름, 너도밤나무 Ranunculus, Rose geranium, Sedum, Korean Beech
5 국화, 맨드라미 Chrysanthemum, Cockscomb
6 오니소갈룸, 석창포 Star of Bethlehem, Japanese Rush
7 팔레놉시스, 석창포 Phalaenopsis, Japanese Rush
8 아가판서스, 용버들 Agapanthus, Curly Willow
9 카네이션, 서양측백나무, 속새, 오리나무 Carnation, Arborvitae, Equisetum, Alder tree
10 미니장미, 하이페리쿰, 무늬옥잠화 잎 Rose, Hyperycum, Hosta

Bridal Garland
Bridal garlands look especially lovely at outdoor ceremonies. Garlands come in a variety of styles, from ones that wrap around the whole head to ones that decorate just the front part of the head. Recently, garlands for baby girls' first birthday celebrations are also popular.

화관

신부의 머리를 장식하는 화관은 특히 야외 결혼식에서 더욱 아름답게 느껴진다. 머리 전체를 감싸는 것부터 앞부분을 장식하는 화관에 이르기까지 화관의 종류는 다양하다. 최근에는 결혼식 외에도 돌잔치의 여아를 위한 화관도 인기를 얻고 있어 사용범위가 점점 넓어지고 있다.

재료 공조팝나무, 하이페리쿰, 펠라르고늄, 라넌큘러스, 국화, 아스클레피아스, 숙근안개초, 장미, 수국, 불두화

Materials Bridal Wreath(*Spiraea cantoniensis*), Hypericum, Pelargonium, Ranunculus, Chrysanthemum, Asclepias, Baby's Breath, Rose, Hydrangea, Vibernum

이렇게 만들어요!

1 착용할 사람의 머리 둘레에 맞도록 #18번 와이어를 잘라 플로랄 테이프를 감고 토대를 만들어준다. 토대는 리본을 고정할 고리를 미리 만들어주고 제작하면 편리하다.
2 화관에 사용할 소재들을 잘라 와이어링하여 플로랄 테이프로 깨끗이 감아둔다.
3 와이어링한 소재들이 모두 준비되면 ①에서 준비된 토대에 균형이 맞도록 배치해가며 플로랄 테이프로 고정한다.
4 리본을 고리에 걸어 사이즈에 맞게 조절 가능하도록 묶어 마무리한다.

CONTAINER DESIGN

Chapter 6 *contents*

다육식물로 장식하기
Decorating Succulent Plants

붉은 장미를 이용한 매력적인 디자인
Attractive Designs Using Crimson Roses

플로랄 박스
Floral Box

티팟 & 커피잔으로 장식하기
Decorating Tea Pot and Cup

테라코타 화분을 용기로 활용하기
Terra-Cotta Pots as Containers

레이스 패턴의 바스켓
Lace Patterned Baskets

빈티지한 소품활용
Using Vintage Props

티 박스를 이용한 플로랄 박스 만들기
Making a Floral Box With a Tea Box

작은 사이즈의 용기 디자인
Small Container Designs

단추장식의 붉은 용기 디자인
Designing A Red Container With Button

나무상자 장식
Decorating Wooden Box

패브릭 용기에 디자인하기
Designing Fabric Containers

음화적 공간을 적용한 디자인
Applying Negative Spaces into the Design

리스 장식하기
Decorating Wreath

용기 디자인

Decorating Succulent Plants

Succulent plants come in a variety of colors and shapes. They are popularly used in making dish gardens since they are easier to grow compared to other types of plants. If used along with cut flowers, you can enjoy an unusual and charming design. They can be packaged with the roots intact, or you can cut the roots off and insert a glued stick to make a cleaner look. Since they last a long time even without the roots, it's not necessary to keep the roots on.

다육식물로 장식하기

다육식물들은 종류나 색상 형태가 매우 다양하고 다른 식물에 비해 생육이 까다롭지 않아 작은 디시가든의 소재로 많은 사랑을 받아 왔다. 하지만 절화를 이용한 플로랄 디자인에 사용해도 매우 색다른 매력을 느낄 수 있다. 뿌리가 있는 상태로 포장해서 사용해도 되지만 뿌리를 잘라낸 후 접착제를 바른 스틱을 꽂아 사용하면 간단하면서도 깨끗하게 사용할 수 있다. 다육식물은 잘라진 상태로도 수명이 매우 길기 때문에 굳이 뿌리 상태로 사용하지 않아도 충분히 수명을 유지할 수 있다.

재료
다육식물, 유칼립투스, 라넌큘러스, 큰꿩의 비름,
카네이션, 로즈마리

Materials
Succulent Plant, Eucalyptus, Ranunculus,
Sedum, Carnation, Rosemary

이렇게 만들어요!

1 다육식물을 잘라 대나무 스틱에 접착제를 바른 후 고정하여 준비한다.
2 플로랄 폼을 용기에 세팅한 후 강조 영역에 다육식물을 꽂는다.
3 라넌큘러스와 카네이션을 다육식물 주변에 배치하여 색상이 조화롭도록 구성한다.
4 유칼립투스, 로즈마리, 큰꿩의 비름을 꽂아 마무리한다.

* 다육식물에 고정할 대나무 스틱의 두께가 지나치게 두꺼우면 다육식물에 고정하기 불편하다. 무게를 지탱할 수 있는 선에서 최대한 가는 것을 선택하고 끝은 쐐기 형태로 자른 후 접착제를 발라 꽂아준 후 접착제가 마를 때까지 약 5분 정도 기다렸다가 사용하면 된다. If the stick is too thick, it is difficult to insert. Choose a bamboo stick just thick enough to support the plant, sharpen the end, apply glue on it, then hold it in place for about five minutes for it to dry.

* 다육식물에 사용된 대나무 스틱이 보이지 않도록 배치하는 것이 특히 중요하다. 아무리 멋진 디자인이라도 다육식물을 고정한 대나무 스틱이 드러난다면 마치 미완성 되었거나 부족하다고 느껴질 수 있다. 잘 보이지 않도록 배치하고 다른 꽃들이나 그린으로 살짝 가려주는 것이 좋다. It is important to place the stick so that it would not be visible. Visible stick would ruin the finished look of the design.

Container Design

Attractive Designs Using Crimson Roses

Deep red roses are popular because they symbolize passion and love. Yet, it is surprisingly difficult to achieve harmony with other colors or flowers. Rather than mixing it with another color, try mixing it with similar color of different lightness instead.

붉은 장미를 이용한 매력적인 디자인

정열이나 뜨거운 사랑을 상징하는 레드 컬러의 장미는 그 색상 때문인지 선호하는 사람들은 많지만 의외로 배색이나 다른 꽃과의 조화가 그다지 쉽지만은 않다. 레드 컬러는 전혀 다른 색상과 배색하는 것보다 같은 컬러라도 채도나 명도의 차이가 있는 종류들을 섞어서 배색하면 좀 더 쉽고 아름다운 배색을 완성할 수 있다.

재료
장미(2종류), 하이페리쿰, 말냉이

Materials
Rose(2 Type), Hyperycum, Penny Cress

이렇게 만들어요!

1 용기의 바닥으로 물이 빠지지 않도록 투명 필름을 감싼 후 플로랄 폼을 세팅한다.
2 두 가지의 장미를 색상 그룹을 만들어 가며 둥근 형태를 구성한다.
3 말냉이와 하이페리쿰을 장미 사이 빈 공간에 꽂는다.
4 작은 보우를 만들어 플로랄 폼에 고정하여 마무리한다.

Container Design

Floral Box

With people's taste becoming more and more diverse, they look for something other than the usual bouquets or baskets. Thus, floral boxes are gaining popularity. Cardboard boxes covered in fabric and paper boxes are available. They come in a range of sizes. Flower boxes are designed either closed or open. In the open design, flowers are decorated with the lid open, and in the closed style flowers are inserted in floral forms and the box should be high enough to protect the design.

플로랄 박스

취향이 점점 다양해지고 일반적인 것보다는 독특한 것에 대한 선호도가 높아지면서 단순한 바스켓 디자인이나 꽃다발 외에도 상자 디자인에 대한 인기가 커지고 있다. 상자는 종이 재질에 패브릭으로 감싸진 것과 전체가 종이로 된 것이 판매되고 있으며, 높이와 크기 역시 매우 다양하다. 상자를 디자인의 용기로 활용할 때는 내부에 꽃들이 배치 된 후 완전히 뚜껑을 덮는 디자인과 뚜껑이 열려 있는 상태로 꽃들이 장식되는 디자인이 있다. 뚜껑이 완전히 덮이지 않는 경우와는 다르게 덮이는 디자인은 플로랄 폼에 꽃을 꽂은 후에도 상자의 뚜껑이 꽃을 손상시키지 않을 정도로 상자의 높이가 충분해야 한다.

재료
레이스플라워, 장미, 유스토마, 로즈제라늄, 수국, 팔레놉시스

Materials
Laceflower, Rose, Lisianthus(*Eustoma*), Rose Geranium, Hydrangea, Phalaenopsis

이렇게 만들어요!

1 종이상자가 젖지 않도록 투명 필름을 충분한 높이로 감싼 후 플로랄 폼을 세팅한다. 디자인에 따라 플로랄 폼을 다르게 세팅해야 한다. 만약 뚜껑이 완전히 덮이는 디자인을 만들고 싶다면 낮게 플로랄 폼을 세팅한다.
2 수국과 장미 등의 여러 종류의 꽃들을 이용해 플로랄 폼 공간을 채운다.
3 가장자리 위주로 로즈제라늄을 넣고 중심에 레이스플라워로 깊이감을 준다.
4 팔레놉시스와 가는 리본을 꽃 위에 고정한다.
5 도일리로 장식된 뚜껑을 고정하여 마무리한다.

Decorating Tea Pot and Cup

Teapots and cups are not just for teas anymore. They make valuable flower containers as they come in many different shapes and colors. You can buy inexpensive ones and experiment with unusual designs.

티팟 & 커피잔으로 장식하기

티팟과 커피잔은 형태와 컬러가 매우 다양하여 꽃을 꽂는 용기로도 매우 가치가 높다. 단순히 차나 커피를 마시는 용도로 생각하기 쉽지만 저렴한 가격의 티팟이나 잔을 구입하여 플로랄 디자인에 응용해보면 색다른 디자인을 만날 수 있다. 이런 디자인들은 하나씩 선물용으로 사용해도 좋고 테이블이나 공간 장식용으로 사용해도 좋다. 특히 한 두 송이의 아주 작은 양의 꽃으로도 멋진 디자인을 완성할 수 있다는 점과 용기에 따라 전혀 다른 스타일과 색깔을 보여준다는 것 역시 큰 매력이 된다.

재료
장미(줄리엣), 담쟁이덩굴, 아스틸베(노루오줌), 숙근안개초, 서양측백나무, 페퍼민트, 공조팝나무

Materials
Rose 'Juliet', Boston Ivy, Astilbe, Baby's Breath(*Gypsophila paniculata*), Arborvitae, Peppermint, Bridal Wreath(*Spiraea cantoniensis*)

이렇게 만들어요!

1 티팟과 커피잔의 입술 높이에 맞도록 플로랄 폼을 세팅한다.
2 시각적 중심이 되는 곳에 장미와 담쟁이 넓은 잎을 꽂는다.
3 용기의 가장자리에 담쟁이덩굴과 서양측백나무 등의 다른 소재들을 꽂아 마무리한다.
4 같은 방법으로 좀 더 큰 용기의 장식도 완성한다.

Terra-Cotta Pots as Containers
Although terra-cotta pots were originally for pot plants, now they are used with floral forms for cut flower designs. For a more overall natural looking design, the pot can be exposed to the elements until it gets moss growth on it.

테라코타 화분을 용기로 활용하기

본래 분화식물용으로 판매되는 테라코타 화분을 절화용으로 플로랄 폼을 세팅한 후 꽃을 꽂은 디자인이다. 전체 디자인을 좀 더 자연스럽도록 하기위하여 실외 공간에 화분을 일정시간 노출 시킨 후 이끼가 생성되면 디자인에 활용할 수 있다.

재료
라일락, 장미, 페퍼민트, 유스토마, 국화(소륜)

Materials
Lilac, Rose, Peppermint, Lisianthus(*Eustoma*), Chrysanthemum

이렇게 만들어요!

1 플로랄 폼을 투명 필름으로 감싼 후 테라코타 용기에 세팅한다.
2 장미로 그루핑하여 둥근 형태를 구성한다.
3 유스토마를 사용하여 형태를 보완하고, 소국으로 채워간다.
4 물올림이 잘 될 수 있도록 절단 면적이 넓게 사선으로 잘라 라일락을 꽂아주고 페퍼민트로 마무리한다.

1

2

3

4

* 본래 분화식물용으로 판매되는 용기는 아랫부분에 배수용 물구멍이 있으므로 절화용으로 사용할 경우 반드시 투명 필름 처리한 후 세팅해야 한다. Terra-cotta pots sold at markets have drainage holes which should be closed up with a piece of clear film before using it for cut flowers.

* 페퍼민트는 본래 가치가 높은 소재는 아니지만 컬러와 질감이 예쁘고 향기가 매우 좋은 소재이므로 플로랄 폼을 가리는 용도로만 짧게 사용하는 것보다 다른 꽃들에 비해 다소 긴 길이로 사용하는 것이 좋다. 시각적 무게감도 매우 가벼운 편이므로 길게 사용해도 부담스럽거나 무거워 보이지 않는다. Peppermint is usually cut short and used as covering material for floral foams. However, they have a nice texture and scent, and if used in longer length, they can add lightness to a design.

Lace Patterned Baskets

This small wire container has lace pattern that gives it a delicate and romantic image. A fine design can be achieved by a small piece of floral foam inside and placing a small amount of flowers on it. Don't forget to wrap the floral foam with waterproof opaque paper before using so that it is not visible through the holes.

Type 2

Type 1

레이스 패턴의 바스켓

작은 철로 된 용기에 레이스 형태로 구멍들이 배열되어 있어 매우 섬세하고 로맨틱한 이미지를 만들어 낸다. 내부에 작은 플로랄 폼을 세팅한 후 소량의 꽃을 꽂아 쉽게 완성할 수 있는 디자인이다. 그러나 내부의 플로랄 폼이 철제 용기의 구멍으로 보일 수 있으므로 되도록 플로랄 폼은 방수가 가능하고 불투명한 포장지로 감싸서 세팅해야 한다는 것을 잊지 말아야 한다.

재료(Type 1) 장미(미니, 스프레이), 로즈제라늄, 엉겅퀴, 알케밀러
Materials(Type 1) Rose(Mini, Spray Type), Rose Geranium, Korean Thistle, Lady's mantle

재료(Type 2) 과꽃, 로즈제라늄, 장미(2종류), 엉겅퀴, 불두화, 라넌큘러스, 알케밀러, 공조팝나무
Materials(Type 2) China Aster, Rose Geranium, Rose(2 Type), Korean Thistle, Vibernum, Ranunculus, Lady's Mantle, Bridal Wreath(*Spiraea cantoniensis*)

이렇게 만들어요!

1 레이스 형태의 스틸 바스켓에 플로랄 폼이 너무 높지 않도록 세팅한 후 중심이 되는 곳에 장미를 꽂는다.
2 높낮이가 다르도록 깊이감을 주면서 엉겅퀴와 로즈제라늄을 배치한다.
3 다른 용기도 소재를 약간씩 다르게 하고 그린 잎 소재 등을 사용하여 전체적으로 자연스럽게 마무리한다.

Using Vintage Props
In a small piece, using small accessories and props to complement the flowers can give birth to an unusually refreshing design. Try making a circular shape with tulips and finish off by adding small accessories.

빈티지한 소품활용

작은 디자인을 만들 때는 용기에 꽃을 꽂은 후 작은 악세서리를 함께 사용하면 매우 독특하고 신선한 디자인이 탄생 되는 경우가 많다. 작은 용기에 튤립과 작은 꽃들을 이용해 둥근 형태를 완성하고 작은 빈티지 스타일의 악세서리를 추가로 사용하여 좀 더 재미있는 디자인을 완성하였다.

재료
튤립(2종류), 아스클레피아스, 트위디아, 세잎돌나물, 빈티지한 장식물

Materials
Tulip(2 Type), Asclepias, Tweedia, October Stonecrop(*Sedum sieboldii*)

이렇게 만들어요!

1 용기에 투명 필름을 감싼 플로랄 폼을 세팅한 후 튤립으로 골격을 만든다.
2 아스클레피아스와 트위디아를 튤립 사이 빈 공간에 자연스럽게 꽂는다.
3 세잎돌나물을 빈 공간에 꽂아 플로랄 폼을 모두 가린다.
4 빈티지한 장식물을 용기와 장식물 전체가 조화를 이루도록 꽂고 리본으로 마무리한다.

Making a Floral Box With a Tea Box

This is a design using a tea box with section dividers. You can choose to put flowers in selected sections using pieces of floral foams wrapped with OPP film. They make wonderful gifts, and they are also lovely as a centerpiece for the tea table.

티 박스를 이용한 플로랄 박스 만들기

구획이 나누어진 기성품 티 박스를 활용한 플로랄 박스 디자인으로 작은 사이즈의 플로랄 폼을 OPP 필름에 감싸 용기에 세팅한 후 작은 꽃들로 디자인을 완성할 수 있다. 단순히 선물용으로 사용할 수도 있겠지만 티 타임을 위한 테이블 센터피스로 활용해도 매우 좋은 디자인이다. 하지만 티 박스가 나무로 제작되어 있으므로 플로랄 폼의 방수처리에 특히 주의를 기울여야 하며, 티 박스의 뚜껑이 완전히 닫힐 수 있도록 디자인하고 싶다면 꽃들의 높이가 높아지지 않도록 신경 써야 한다.

재료
숙근안개초, 돈나무의 꽃, 하이페리쿰, 장미(미니, 스프레이 타입), 아이비

Materials
Baby's Breath(*Gypsophila paniculata*), Japanese Pittosporum, Hyperycum, Rose(Mini, Spray Type), Ivy

이렇게 만들어요!

1 구역이 나누어진 티 박스 용기에 부분적으로 플로랄 폼을 세팅한다. 나무가 손상되지 않도록 플로랄 폼은 투명 필름으로 감싼 후 사용해야 한다.
2 스프레이 타입의 장미, 하이페리쿰, 숙근안개초, 돈나무의 꽃을 그룹이 되도록 꽂는다.
3 꽃으로 장식된 영역들이 서로 분리되지 않도록 아이비로 연결하여 마무리한다.

Small Container Designs

Although baskets are very useful as inexpensive flower containers, recently more and more people request sophisticated designs in better quality containers. Since large containers of good quality tend to be expensive, smaller ones are more popular. They are easy to transport and has no limit to the choice of flowers. For this design, put tweedia at the center surround densely with baby's breath to achieve the basic shape. Then cut a small piece of ribbon, fold it, and mount it using a pier. You will have a simple but unique design.

작은 사이즈의 용기 디자인

상업적인 플로럴 디자인을 위한 용기로 가격이 저렴한 바스켓이 사랑받아 왔지만 최근 몇 년 동안에는 좀 더 고급스럽고 특별한 디자인들을 원하는 고객이 늘어나면서 독특한 여러 용기들이 이용되고 있다. 그러나 전체의 가격에 비해 용기 가격에 대한 부담이 늘어나 작은 사이즈의 용기들도 매우 인기를 얻고 있다. 작은 용기는 운반이 용이하며, 꽃의 선택에 있어서도 비교적 자유로워 활용하기에 제약이 매우 적은 편이다. 트위디아(tweedia)를 중심에 꽂은 후 주변으로 숙근안개초(baby's breath)를 용기에 빽빽하게 꽂기를 반복하면 기본 형태가 완성된다. 여기에 작은 리본을 잘라 접은 후 집게로 고정하면 간단하지만 독특한 디자인을 만들 수 있다.

재료
숙근안개초, 트위디아, 가는 리본과 집게

Materials
Baby's Breath(*Gypsophila paniculata*), Tweedia

이렇게 만들어요!

1 용기에 플로랄 폼을 세팅한다.
2 트위디아를 이용해 둥근 골격을 만든다.
3 전체가 둥근 형태가 되도록 빈 공간에 숙근안개초를 빽빽하게 꽂는다.
4 형태가 완성되면 가는 리본을 집게로 고정하여 마무리한다.

Designing A Red Container With Button

In this design, a small colorful container and equally vivid colored flowers are used. When the color of the container and the colors of the flowers are similar, the design may appear somewhat flat and uninteresting. To add interest and fun, buttons are attached to the leaves and placed at the front part of the container.

단추장식의 붉은 용기 디자인

작고 비비드한 색상의 용기에 강렬한 꽃들을 꽂아 완성하였다. 이런 디자인들은 꽃들의 색과 용기의 색이 거의 흡사하기 때문에 자칫 밋밋해 보이기도 한다. 작품에 아이디어를 더하여 흥미를 유발하고 좀 더 재미있는 작품이 되도록 꽃꽂이가 완성된 후 작은 잎에 단추를 고정하여 용기 앞면에 달아주었다.

재료
달리아, 에키나세아(호안), 국화, 스토크, 석죽, 레몬잎

Materials
Dahlia, Cone Flower(*Echinacea purpurea*), Chrysanthemum, Stock, Sweet William, Salal(*Gaultheria shallon*)

이렇게 만들어요!

1 플로랄 폼을 용기의 입구 높이로 세팅한 후 달리아로 전체적인 형태를 잡아 꽂아준다.
2 폼폼소국과 에키나세아(호안)로 형태를 보완하고 색의 깊이를 준다.
3 석죽을 꽂아 마무리한 후 레몬잎에 단추를 고정한 후 양면테이프로 용기에 고정한다.

Decorating Wooden Boxes

Containers for floral designs are available in diverse styles. More and more designers are using more variety of containers for their designs. Wooden containers work especially well as floral containers. When using wooden containers, take care to waterproof the floral foams so that the wood does not soak up the water. Also, avoid designs that cover up the container completely. For example, parallel designs that show off the nice container and at the same time enhance the flowers are the beat.

나무상자 장식

최근에는 플로랄 디자인을 위한 용기를 특정하여 구분하기 어려울 정도로 다양한 종류가 시판되고 있으며, 디자이너들 또한 다양한 용기를 이용해 디자인하고 있다. 점차 용기의 다양성에 대한 관심이 많아지고 있는데, 나무로 제작된 용기는 재질의 특성상 식물과는 더 없이 잘 어울리는 편이다. 그러나 나무로 된 용기에 플로랄 폼을 세팅할 때는 나무 용기로 수분이 지속적으로 흡수되지 않도록 방수처리에 주의해야 하며, 나무 용기가 완전히 가려지는 디자인은 삼가도록 하는 것이 좋다. 예를 들어 평행디자인(parallel)처럼 용기가 모두 드러나면서 꽃들도 돋보일 수 있는 경우는 매우 좋지만, 용기를 가려지게 디자인을 구성할 것이라면 굳이 가치 있는 용기를 사용하지 않아도 된다.

재료
필로덴드론 제나두, 크로코스미아, 라넌큘러스, 백일홍, 벨라도나 델피니움, 거베라, 이끼

Materials
Philodendron(Xanadu), Crocosmia, Ranunculus, Zinnia, Belladonna Delphinium, Gerbera, Moss

이렇게 만들어요!

1 플로랄 폼을 용기보다 약 1~2cm 정도 낮게 세팅한다.
2 크로코스미아를 꽂아 그룹의 위치를 결정한다.
3 라넌큘러스를 그룹에 맞게 배치한다.
4 벨라도나 델피니움과 필로덴드론 제나두 등의 다른 꽃들을 꽂아 그룹을 좀 더 강조될 수 있도록 한다. 이끼를 꽂아 마무리한다.

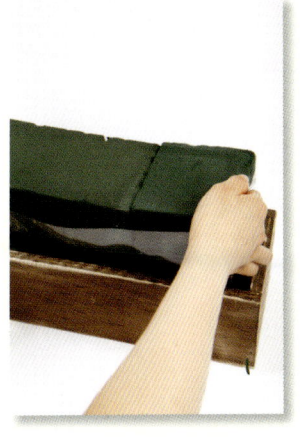

Designing Fabric Containers

Fabric containers are charming and inexpensive. Their many variety of shape and texture give them a strong competitive power in the floral container market. You can buy small potted plants and put them directly in the fabric container and just add some decoration for a gift. Or you can decorate the container with cut flowers using floral foams. This design is completed by dividing one hydrangea into two and putting them in two separate containers that are visually connected with ivy vine.

패브릭 용기에 디자인하기

패브릭으로 만들어진 간단한 용기는 디자인도 예쁘지만 다른 용기들에 비해 비교적 저렴한 편이다. 그러나 저렴한 가격에 비해 패브릭의 재질에 따라 질감이나 형태적 다양성도 매우 높은 편이어서 경쟁력도 높다. 작은 화분을 분갈이하지 않고 패브릭으로 만든 용기에 담아 장식하거나 선물해도 좋지만 패브릭 용기 내부에 들어갈 사이즈로 플로랄 폼을 잘라 약간의 꽃으로 장식해도 좋다. 패브릭 용기 두 개에 플로랄 폼을 세팅한 후 한 송이의 수국을 나누어 두 개의 용기에 꽂고 시각적으로 두 용기가 연계될 수 있도록 아이비 덩굴을 조금만 사용해 보자. 심플하지만 패브릭 용기가 가지고 있는 장점이 충분히 돋보일 수 있는 디자인을 만들 수 있다.

재료
수국, 아이비

Materials
Hydrangea, Ivy

이렇게 만들어요!

1 패브릭 용기에 플로랄 폼을 낮게 세팅을 한다.
2 수국은 필요한 만큼 잘라내고 둥근 형태로 플로랄 폼에 꽂는다.
3 아이비 잎의 진한 녹색 부분이 위로 향하도록 꽂아 자연 그대로의 분위기를 돋보이도록 한다.

1

2

3

Applying Negative Spaces into the Design
In this design, all the materials are structured within the space of the container; it is designed to be viewed from the above. Lace flowers that pull the design inward are used to enhance the negative space. It is a great design with a sense of stability that also withstands transporting. It is good as a gift but better as a centerpiece because it has the power of making people want to come close for a close look at its delicate beauty. However, the table should not be too wide.

음화적 공간을 적용한 디자인

용기 밖으로 꽃들이 길게 꽂혀지지 않고 대부분 용기 내부에서 꽃들을 구성하여 위에서 볼 수 있는 디자인이다. 레이스 플라워(Lace Flower)처럼 공간을 작품 안으로 끌어들일 수 있는 형태의 꽃들을 충분히 사용하여 음화적 공간들이 매우 돋보인다. 대부분의 꽃들이 용기 내부에서 움직이기 때문에 운반 시 형태 변화도 거의 없으며, 전체적으로 편안하고 안정적으로 보인다. 선물용으로 사용해도 좋지만 내부가 섬세하고 아름다워 가까이에서 들여다보고 싶어 하는 호기심을 자극할 수 있는 디자인이므로 테이블을 장식하는 용도로도 매우 적합한 디자인이다. 그러나 지나치게 넓은 테이블이라면 적절하지 않다.

재료
장미, 달리아, 카네이션, 펠라르고늄, 레이스 플라워

Materials
Rose, Dahlia, Carnation, Pelargonium, Lace Flower

이렇게 만들어요!

1 용기에 고정 점토를 뒷면에 붙인 핀 홀더 세 개를 플로랄 폼 고정하기에 적당한 간격으로 용기에 붙인다.
2 충분히 수분을 흡수시킨 플로랄 폼을 핀 홀더에 꽂아 고정한다.
3 달리아로 강조영역을 만든다.
4 펠라르고늄으로 달리아와 대비를 이룰 수 있도록 배치한다.
5 전체의 균형에 맞도록 장미와 카네이션을 꽂는다. 용기의 높이보다 더 높아지지 않도록 주의한다.
6 빈 공간이 많은 곳을 중심으로 레이스 플라워를 꽂아 깊이감을 준다.

A	B	C
1 :	1.618	: 1

Decorating Wreath

As seen in the diagram, the ideal proportion of the wreath to the space within is 1:1.618. In case of a wreath made using pieces of floral foams, the proportion could change depending on the amount of space between the flowers mounted along the outer rim. However, the visual proportion has priority over the physical proportion, so you need to consider color and space to achieve proportional balance.

리스 장식하기

리스디자인을 제작할 때 리스와 공간의 비율은 1 : 1.618이 가장 이상적이다. 플로랄 폼을 이용한 리스의 경우 외곽선에 배치된 꽃 사이 공간에 따라 비율이 다소 다르게 보인다는 것도 잊지 말아야 하며, 물리적인 비율 보다는 시각적 비율이 우선시 되므로 색의 배치나 외곽선의 공간감을 조절하여 비율을 맞추도록 하자.

재료
유스토마(2종류), 장미(3종류), 카네이션, 오리나무, 돈나무의 꽃, 국화, 팔레놉시스, 벨라도나 델피니움, 금어초, 아이비

Materials
Lisianthus(*Eustoma*, 2 Type), Rose(3 Type), Carnation, Japanese Alder, Pittosporum, Chrysanthemum, Phalaenopsis, Belladonna Delphinium, Snapdragon, Ivy

이렇게 만들어요!

1 리스형태의 플로랄 폼은 수분이 충분히 흡수된 것으로 준비한다.
2 그루핑하여 꽃들을 꽂는다. 특히 리스의 안쪽이 비어 보이거나 아랫부분이 떠 있지 않도록 주의하며 꽂아준다.
3 줄기가 짧은 팔레놉시스는 줄기의 끝부분이나 꽃잎의 뒷면에 생화용 본드를 사용하여 다른 꽃들 위에 살짝 얹어주듯 붙인다. 줄기를 유지한 상태로 플로랄 폼에 꽂아도 되지만 다른 꽃들에 눌리는 경우도 많고 충분히 가치를 살리기 어려워 생화용 본드로 붙여주는 것도 좋다.
4 긴 덩굴 상태의 아이비를 사용하여 공간감을 주며 마무리한다.

Container Design 149

INDEX

INDEX

A
- Agapanthus 117
- Ageratum 70
- Alchemilla 65 103
- Alder tree 117
- Alnus japonica 37 57 65 87
- Arborvitae 73 117 129
- Asclepias 55 73 82 119 135
- Asiatic Jasmine 77 87
- Aspidistra 37 41 45 57 59 85
- Asplenium antiquum 59
- Astilbe 129

B
- Baby's Breath 39 67 119 129 137 139
- Bamboo Stic 77
- Belladonna Delphinium 143 149
- Bird's Nest Fern 59
- Boston Ivy 85 129
- Bridal Wreath 73 81 87 117 119 129 133

C
- Calla Lily 91 93 105
- Candytuft 63
- Carnation 77 87 103 113 117 123 147 149
- China Aster 133
- Chrysanthemum 'Shamrock' 37 57
- Chrysanthemum 53 95 117 119 131 141 149
- Clematis 81
- Cockscomb 55 117
- Cone Flower 141
- Cordyline 37 45 93
- Cotinus coggygria 59
- Croton 49 70
- Curly Willow 117

D
- Dahlia 75 141 147
- Delphinium 77
- Dracaena reflexa var. angustifolia 45
- Dracaena surculosa 45 57 65
- Dusty MIller 65

E
- Echinacea purpurea 141
- Echinops 85
- Effusus 59
- Equisetum 37 87 117
- Eucalyptus 45 57 91 117 123
- Eustoma 41 85 91 127 131

F
- Foam Holder 113

G
- Gaultheria shallon 41 47 55 91 99 141
- Gebera 91 143
- Gold dust dracaena 45 57 65
- Guzmania 45
- Gypsophila paniculata 39 129 137 139

H
- Helianthus 70
- Holder Cover 113
- Hosta 47 59 65 89 103 117
- Hydrangea 43 117 119 127 145
- Hypericum 113 119 67 117 125 137

I
- Iberis 63
- Iris 59
- Ivy 43 47 70 77 137 145 149

J
- Japanese Alder 37 57 65 87 149
- Japanese Pittosporum 137
- Japanese Rush 117

K
- Korean Beech 117
- Korean Thistle 133

L
- Laceflower 127 147
- Lady's Mantle 65 75 103 133
- Lamb's Ear 95
- Lilac 91 131
- Lily 57 77
- Lily Grass 57
- Lisianthus 41 53 55 85 91 113 127 131 149

M
- Marigold 93
- Mini 55 91 133 137
- Mini Spray Type 79 103 111
- Moss 77 143

N
- Nigella 63 79 91

O
- October Stonecrop 135
- Ornithogalum 70 89
- Ornithogalum dubium 'Southern Africa' 107

P
- Pelargonium 47 65 113 119 147
- Penny Cress 125
- Peppermint 65 103 129 131
- Phalaenopsis 117 127 149
- Philodendron 143
- Philodendron bipinnatifidum 49 65 91
- Phlox 41 59
- Pittosporum 73 149
- Polygonatum odoratum var. pluriflorum f. variegatum 53 91 93
- Poppy 51
- Pot 77

R
- Ranunculus 73 103 117 119 123 133 143
- Rice Flower 37 65 103
- Rose 47
- Rose 41 53 55 59 63 67 70 75 77 79 81 93 95 99 103 111 113 117 119 125 127 131 133 137 147 149
- Rose Geranium 67 117 127 133
- Rose 'Juliet' 129
- Rosemary 123

S
- Safflower 53
- Salal 41 47 55 91 99 141
- Scabiosa 75
- Sedum 70 99 117 123
- Sedum sieboldii 135
- Selloum 49 65 91
- Shamrock 37
- Smoketree 59 85 95
- Snapdragon 53 77 149
- Solidaster 89
- Solomon's Seal 53 91 93
- Song of India 45
- Spiraea cantoniensis 73 81 87 117 119 129 133
- Spray 77
- Spray Type 55 133 137
- Star of Bethlehem 107 117
- Stock 93 141
- Succulent Plant 117 123
- Sunflower 70
- Sweet Pea 101
- Sweet William 45 53 141

T
- Trachelospermum asiaticum 77 87
- Tulip 49 109 135
- Tweedia 39 135 139
- Tweedia caerulea 39

U
- Ustoma 149

V
- Vanda Mocara 89
- Vibernum 63 89 119 133

X
- Xanadu,Crocosmia 143

Z
- Zinnia 73 75 103 143

INDEX

ㄱ
거베라 91 143
고드세피아나 45 57 65
골풀 59
공조팝나무 73 81 87 117 119 129 133
과꽃 133
구즈마니아 45
국화 35 37 53 57 95 117 119 131 141 149
금어초 53 77 59 149

ㄴ
나리 57 77
너도밤나무 117
노루오줌 35 129
니겔라 63 79 91

ㄷ
다육식물 117 123
달리아 35 75 141 147
담쟁이덩굴 85 129
대나무 스틱 77
대륜 37 57
돈나무 149
돈나무의 꽃 137

ㄹ
라넌큘러스 73 103 117 119 123 133 143
라이스플라워 37 65 103
라일락 91 131
램스이어 95
레몬잎 41 47 55 91 99 141
레이스플라워 127 147
로즈마리 123
로즈제라늄 35 67 117 127 133
로지움 펠라르고늄 35
리시안서스 41 53 55 85 91 113

ㅁ
마르시아 35
말냉이 125
맨드라미 55 117
메리골드 93
무늬둥굴레 53 91 93
무늬옥잠화 65 89 103 117
미니 55 91 111 133 137
미니 스프레이 타입 103
미니장미 77 79 117

ㅂ
바나나 70
반다 모카라 89
방울토마토 70
백묘국 65
백일홍 35 73 75 103 143
벨라도나 델피니움 143
델피니움 77 149
부케홀더 113
불두화 63 89 119 133
비탈 77
빈티지한 장식물 135

ㅅ
샴록 57
서양측백나무 35 73 117 129
석죽 45 53 141
석창포 117
세덤 99
세잎돌나물 135
셀로움 49
소륜 35 131
속새 37 87 117
솔리다스터 89
송 오브 인디아 45
수국 43 117 119 127 145
숙근안개초 35 39 67 119 129 137 139
숙근플록스 59
스위트피 101

스카비오사 75
스토크 93 141
시베리아 57

ㅇ
아가판서스 117
아게라툼 70
아스클레피아스 55 73 81 119 135
아스틸베 35 129
아시안틱 77
아이비 47 70 77 137 145 149
아이비 덩굴 43
안개나무 59 85 95
알리움 35
알케밀라 35 65 75 103 133
양귀비 51
엉겅퀴 133
에키나세아 141
에키놉스 85
엽란 37
엽란 41 45 57 59 85
오니소갈룸 70 89 107 117
오리나무 37 57 65 87 117 149
옥시페탈룸 39
옥잠화 잎 47 59
용버들 117
유스토마 41 53 55 85 91 113 127 131 149
유칼립투스 45 57 91 117 123
이끼 77 143
이베리스 63

ㅈ
장미 35 41 47 53 55 59 63 67 70 75 77 81 93 95 99 103 111 113 117 119 125 127 129 131 133 137 147 149
절굿대 85
줄리엣 70 129
참외 70

ㅊ
초설마삭줄 77 87

ㅋ
카네이션 35 77 87 103 113 117 123 147 149
칼라 91 93 105
코르딜리네 35 37 45 93
크로코스미아 143
크로톤 49 70
큰꿩의 비름 70 99 117 123
클레마티스 81
키위 70

ㅌ
튤립 49 109 135
트위디아 39 135 139

ㅍ
파초일엽 59
팔레놉시스 117 127 149
페퍼민트 65 103 129 131
펠라르고늄 35 47 65 113 119 147
포도 70
플록스 41
필로덴드론 셀로움 65 91
필로덴드론 제나두 143

ㅎ
하이페리쿰 67 113 117 119 125 137
해바라기 70
호안 141
호엽란 35 57 홀더커버 113
홍죽 45 93
홍화 53
흑종초 63 79

간단하게 만드는 미니 꽃다발
Simple Mini Bouquets / 34p

국화로 만드는 독특한 포장법
Unique Packaging Made With Chrysanthemum / 36p

안개초로 예쁘게 포장하기
Packaging With Baby's Breath / 38p

엽란으로 포장하기
Packaging With Aspidistra / 40p

수국 한 송이로 만드는 꽃다발
Bouquet of a Single Hydrangea / 42p

다양한 색상의 그린들로 꽃다발 만들기
Bouquet of Greens / 44p

장미를 이용한 꽃다발
Rose Bouquet / 46p

오렌지 튤립과 크로톤의 컬러 매치
Orange Tulips Matched With Croton / 48p

캐주얼한 양귀비 꽃다발
Casual Poppy Bouquet / 50p

다양한 꽃들로 만든 꽃다발
Bouquet Made With Variety Flowers / 52p

왁싱지로 구김 포장하기
Wrinkled Packaging With Waxing Paper / 54p

행사장에서 사용하기 좋은 꽃다발
Bouquet for Event Halls / 56p

포장지 없이도 예쁜 꽃다발
Lovely Bouquets Without the Packaging / 58p

작은 인형이 있는 플로랄 바스켓
Floral Baskets with Small Dolls / 62p

그린 그린 바스켓
Green, Green Basket / 64p

달콤한 색상의 장미 바스켓
Sweet Rose Basket / 66p

과일이 담긴 플로랄 바스켓
Floral Basket With Fruits / 68p

귀여운 뚜껑이 있는 플로랄 바스켓
Floral Baskets With Lids / 71p

여름철에 예쁜 시원한 색상의 바스켓
Cool Summer Basket / 74p

pot-et-fleur 만들기
Making a Pot-et-fleur / 76p

귀엽고 아기자기한 미니장미 바스켓
Charming Mini Rose Basket / 78p

내추럴한 분위기의 클레마티스 바스켓
Natural Clematis Basket / 80p

유리용기 활용하기
Designing Glass Container / 84p

베이스 디자인에 속새로 질감 만들기
Creating Texture for Vase Design / 86p

컬러 유리용기 활용
Using Colored Glass Container / 88p

기본 형태의 베이스 디자인
Basic Form of Vase Design / 90p

투명한 유리용기에 컬러 표현하기
Expressing Colour in Transparent Glass Container / 92p

꽃다발로 유리용기 디자인하기
Designing Glass Container With
a Bouquet / 94p

줄리엣 로즈로 만든 신부부케
Bridal Bouquet With Rose
'Juliet' / 98p

스위트 피로 만드는 귀엽고 달콤한 부케
Charming Bouquet of
Sweet Peas / 100p

내추럴하고 빈티지하게
Looking Natural and Vintage / 102p

칼라 내추럴 스템 부케
Natural Stem Bouquet Using
Calla Lily / 104p

베들레헴의 별로 만든 부케
Bouquet of Star of Bethlehem / 106p

심플한 튤립 부케
Simple Tulip Bouquet / 108p

동글동글한 미니장미 부케
Round Mini Rose Bouquet / 110p

폼 홀더 부케
Foam Holder Bouquet / 112p

코사지와 부토니어
Corsages and Boutonnières / 114p

화관
Bridal Garland / 118p

다육식물로 장식하기
Decorating Succulent Plants / 122p

붉은 장미를 이용한 매력적인 디자인
Attractive Designs Using
Crimson Roses / 124p

플로럴 박스
Floral Box / 126p

티팟 & 커피잔으로 장식하기
Decorating Tea Pot and Cup / 128p

테라코타 화분을 용기로 활용하기
Terra-Cotta Pots as Containers / 130p

레이스 패턴의 바스켓
Lace Patterned Baskets / 132p

빈티지한 소품활용
Using Vintage Props / 134p

티 박스를 이용한 플로랄 박스 만들기
Making a Floral Box With
a Tea Box / **136p**

작은 사이즈의 용기 디자인
Small Container Designs / **138p**

단추장식의 붉은 용기 디자인
Designing A Red Container With
Button / **140p**

나무상자 장식
Decorating Wooden Box / **142p**

패브릭 용기에 디자인하기
Designing Fabric Containers / **144p**

음화적 공간을 적용한 디자인
Applying Negative Spaces into
the Design / **146p**

리스 장식하기
Decorating Wreath / **148p**